Ludwig Frantz

Die rechtliche Stellung des Handlungsreisenden

Ludwig Frantz

Die rechtliche Stellung des Handlungsreisenden

ISBN/EAN: 9783744711517

Hergestellt in Europa, USA, Kanada, Australien, Japan

Cover: Foto ©Suzi / pixelio.de

Weitere Bücher finden Sie auf **www.hansebooks.com**

Die
rechtliche Stellung
des
Handlungsreisenden.

Inaugural-Dissertation
der
hohen juristischen Facultät der Universität ~~~~~~~

zur Erlangung der Doctorw~~~~

vorgelegt von

Ludwig Frank,
Rechtspraktikant.

———— ⟫✳⟪ ————

München.
Verlag von J. Schweitzer.
1892.

Die
rechtliche Stellung
des
Handlungsreisenden.

Inaugural-Dissertation
der
hohen juristischen Facultät der Universität Erlangen

zur Erlangung der Doctorwürde

vorgelegt von

Ludwig Frank,
Rechtspraktikant.

———··⊱✳⊰··———

München.
Verlag von J. Schweitzer.
1892.

Meinen

lieben Eltern

dankbar

zugeeignet.

Vorwort.

Beim Abschluß der vorliegenden Abhandlung kann ich es nicht unterlassen, meinem hochverehrten Lehrer, Herrn Professor Dr. Gengler, dem ich die Anregung hiezu verdanke, und der mich in freundlichster Weise mit seinem wertvollen Rate unterstützt hat, hiemit für das mir geschenkte Wohlwollen und Vertrauen meinen herzlichsten Dank auszusprechen.

Weihnachten 1891.

Der Verfasser.

Inhaltsangabe.

Einleitung.

Die rechtliche Stellung des Handlungsreisenden findet ihre Basis in formeller Beziehung in den Bestimmungen des Artikel 49 im Zusammenhang mit Artikel 47 und 48 unseres allgemeinen deutschen Handelsgesetzbuches.

Zweck der gegenwärtig gestellten Aufgabe sei es nun, jenen Artikel des Handelsgesetzbuches systematisch nach seinem Inhalte darzustellen, ihn nach allen Seiten hin zu beleuchten und stofflich aus den Entwürfen und Konferenzprotokollen zum H. G. B., sowie besonders aus den Entscheidungen des obersten Handelsgerichtes und jetzigen obersten Reichsgerichtes zu einem vollständigen Bilde zu ergänzen.

Unter dem Hülfspersonal, dessen sich der Kaufherr bei Ausübung seines Handelsgewerbes vornehmlich bei zunehmen= dem Umfang des Geschäftsbetriebes zu seiner Unterstützung zu bedienen pflegt, ragt das wegen seiner qualificierten Rechts= stellung bedeutsame Institut der merkantilen Stellvertretung besonders hervor.

Der handelsrechtliche Stellvertreter oder Handlungs= bevollmächtigte leistet kraft der ihm vom Principal erteilten Vollmacht nicht mehr, wie das beim Handlungslehrling, beim Handlungsgehilfen der Fall ist, neben dem Principal[1] sondern für den Principal und im Namen desselben[2] kauf=

---

[1] H. G. B. Art. 58 Abs. 1.
[2] l. c. Art. 52.

männische Dienste; er unterstützt ihn nicht nur faktisch durch seine Arbeit, sondern er vertritt ihn juristisch durch Abschluß von Rechtsgeschäften.

Für dieses Verhältnis des Handlungsbevollmächtigten zu seinem Principal gilt das Princip der freien und direkten Stellvertretung, d. i. der Grundsatz, daß der vom Handlungs= bevollmächtigten geäußerte Wille so angesehen wird, als habe der Principal selbst seinen Willen geäußert, letzteres selbst dann, wenn das fragliche Geschäft auch nicht ausdrücklich im Namen des Principals, falls nur aus den begleitenden Umständen ersichtlich, daß es von den Kontrahenten als für den Principal geschlossen gewollt ist.

Dieses sog. Repräsentationsprincip führt konsequenter= weise dazu, den Principal civilrechtlich sogar für Betrug und Versehen seines Handlungsbevollmächtigten eintreten zu lassen, sofern eine derartige Handlungsweise in den Bereich des auf= getragenen Geschäftes fällt, und andererseits hinwiderum die Anfechtbarkeit eines solchen Geschäftes wegen eines vom Handlungsbevollmächtigten begangenen Irrtums oder wegen eines gegen ihn verübten Zwanges oder Betruges dem Prin= cipal zu gute kommen zu lassen.[1]

Entsprechend dieser ihrer weitragenden Bedeutung im Handelsleben findet die Handelsbevollmächtigung in unserm allgemeinen deutschen Handelsgesetzbuch in verhältnismäßig wenig Artikeln eine weitgehende Regelung.[2]

So sehr nun der Begriff „Handlungsbevollmächtigung" geeignet wäre, generell für die Persönlichkeit eines jeden mit

[1] R. O. H. Bd. VI. S. 403. Bd. XV. S. 26.
[2] H. G. B. Art. 41—56.

Vollmacht versehenen Stellvertreters Anwendung zu finden,[1]) gebraucht ihn doch die Terminologie des Gesetzes im Gegen= satz zu einem spezifisch kaufmännischen Institut der Voll= machtserteilung, zur Prokura.[2])

I. Die Prokura, bereits der früheren Zeit, wenn auch mit wesentlich verschiedener rechtlicher Fixierung ihres Be= griffes bekannt[3]) — den damit Betrauten bezeichnete man auch als Disponent, Faktor, Handlungsvorsteher — bedeutet eine Vollmacht zum gesamten Betrieb des Geschäftes, deren Umfang gesetzlich festgestellt und völlig unbeschränkbar ist.[4])

Die Prokura erstreckt sich also

1) auf den gesamten Geschäftsbetrieb. Eine richtige Folgerung hieraus führt uns unschwer zu Resultaten, die mit den positiv = rechtlichen Bestimmungen des interpretieren= den Artikel 42 übereinstimmen. Darnach gilt der Prokurist ermächtigt zu allen gerichtlichen und außergerichtlichen Ge= schäften und Rechtshandlungen, welche der Betrieb eines Handelsgewerbes mit sich bringt, also selbstredend auch zur Anstellung und Entlassung von Handlungs=Gehilfen und Be= vollmächtigten, jedoch nicht zur Uebertragung der Prokura auf einen anderen,[5]) da die Prokuraerteilung als Ausfluß des denkbar weitgehendsten persönlichen Vertrauens aufs engste mit der Persönlichkeit des Prokuraträgers verknüpft erscheint.

---

[1]) vergl. Wendt bei Endemann Bd. I S. 278.
[2]) H. G. B. I. Buch. V. Titel.
[3]) Mittermaier Grundsätze des dtsch. Privatr. 6. Aufl. Bd. II. S. 688.
[4]) Wendt b. Endem. Bd. I. S. 278 ff. u. H. G. B. Art. 41, 42, 43.
[5]) H. G. B. Art. 53.

Auch die Befugnis zur Veräußerung und Belastung von Grundstücken will der erwähnte Artikel nicht als in der Rechtsstellung des Prokuristen wurzelnd angesehen wissen, vielmehr soll es hiezu einer besonderen, wenn auch nur that=sächlich erteilten Spezialvollmacht bedürfen, die wie jede Voll=macht ein Aequivalent in der Ratihabition, der nachträglichen Genehmigung des Principals besitzt.[1]

2) Der Umfang dieser Vollmacht ist gesetzlich fest=gestellt und unbeschränkbar.

Außer den eben angeführten gesetzlichen Schranken exi=stieren keine andern mehr für die Machtvollkommenheit des Prokuristen. Als alter ego des Handelsherrn kann er eben=sowenig wie dieser selbst auf den Betrieb seines Geschäftes beschränkt sein. Vielmehr handelt er innerhalb der Grenzen der kaufmännischen Thätigkeit überhaupt mit voller vom Publi=kum präsumierbarer Berechtigung.[2] Jede Beschränkung dieses ein für allemal normierten Umfangs der Prokura von Seiten des Principals ist für Drittcontrahenten, selbst wenn diese hiervon wußten, vollständig einflußlos. Der Pro=kuraträger handelt also innerhalb jener gesetzlichen Grenzen mit völlig berechtigender resp. verpflichtender Wirkung für seinen Principal, abgesehen von dem Falle, wo der Pro=kurist hiebei sich oder einem Anderen zum Nachteil seines Principals einen rechtswidrigen Vorteil zu verschaffen sucht und der Dritte am Dolus des Prokuristen partici=piert hat.[3]

[1] Protok. S. 952.
[2] Prot. S. 951; vergl. Puchelt Kommentar z. H. G. B. Note 1 zu Art. 42.
[3] R. O. H. V. 295; VI. 131; VII. 403; IX. 429; R. G. IX. 148.

Dabei darf jedoch nicht vergessen werden, daß die Prokura immer nur auf einer Ermächtigung des Principals, nicht aber auf Eigenmacht des Prokuristen beruht. Für das innere, persönliche Verhältnis zwischen Prinzipal und Proku= risten können daher sehr wohl Nebenbestimmungen mit recht= licher Bedeutung und eventueller Schadensersatzverbindlichkeit auf Seiten des die Grenzen seines Auftrags überschreitenden Prokuraträgers getroffen werden.

Wie nun überhaupt an dieser Stelle die Prokura, als ein in seiner jetzigen Form vom Handelsgesetzbuch neu ge= schaffener Formalbegriff, nur im Gegensatz zur einfachen Handlungsbevollmächtigung einer kurzen Erörterung unter= worfen wird, so verdienen insbesondere noch einige, zur voll= wirksamen Errichtung der Prokura gehörigen Requisite, weil hauptsächlich nur formelle Unterschiede begründend, auch nur flüchtiges Eingehen auf dieselben.

Was zunächst die Bestellungsform bei der Prokura an= langt, so sind durch die in Artikel 41 Abf. 2 unseres Handels= gesetzbuches angeführten Bestellungsarten andere Arten der Prokuraerteilung so wenig ausgeschlossen, daß vielmehr durch die exemplikative Fassnng dieses Artikels den gewöhnlichen Bestellungsarten lediglich ihre Wirksamkeit gesichert ist. So kann denn die Prokuraerteilung nicht nur mündlich[1]) sondern sogar, wie andere Willenserklärungen auch stillschweigend durch Handlungen, welche auf jene Ermächtigung schließen lassen, giltig geschehen, da die am Schluß des allegierten Abf. 2 genannte Ermächtigung nicht ebenfalls wie in den

---

[1]) H. G. B. Art. 317.

beiben unmittelbar vorher aufgezählten Fällen ausbrücklich zu geschehen braucht.[1])

Bezüglich der Anmeldung und Eintragung in das Handelsregister sowohl als der Zeichnung durch den Proku=riften bestehen gesetzliche Vorschriften[2]), die aber lediglich den Charakter von Ordnungsvorschriften[3]) besitzen. Der Proku=rist, welcher in der Weise zeichnet, daß er der Firma einen die Prokura andeutenden Zusatz nebst seinem Namen beifügt, gibt durch eine derartige Zeichnung zu erkennen, daß er als Prokurist handeln wolle. Da es aber für die Haftung des Principals gleichgiltig ist, ob das von dem Prokuriften ab=geschlossene Geschäft ausdrücklich im Namen des Principals geschlossen worden ist, oder ob die Umstände ergeben, daß es nach dem Willen der Contrahenten für den Principal ge=schlossen werden sollte,[4]) so kann der Principal auch berech=tigt und verpflichtet werden, wenn der Prokurist in anderer Weise als der gesetzlich vorgeschriebenen gezeichnet hat.

Diese Ordnungsvorschriften sollen die für die Errichtung der Prokura sich eventuell als notwendig erweisende Be=weisführung erleichtern[5]) und namentlich was Anmeldung und Eintragung der Prokura betrifft, nur durch Verhängung von Ordnungsstrafen sich Geltung erzwingen.[6])

Beim Erlöschen der Prokura, gleichgiltig ob durch Ver=

---

[1]) v. Hahn Commentar z. H. G. B. Bd. I S. 174 u. Puchelt Commentar z. H. G. B. S. 82.
[2]) H. G. B. Art 44 u. 45.
[3]) R. O. H. V. 263; X. 57; XII. 134; XXII. 204.
[4]) H. G. B. Art. 52.
[5]) Prot. S. 953.
[6]) v. Hahn Comment. z. H. G. B. Note z. Art. 45.

tragsbestimmung,[1]) Kündigung des Prokuristen oder Princi=
pals oder durch einseitigen Widerruf des letzteren[2]) verursacht,
muß diese Thatsache vorschriftsmäßig in das Handelsregister
eingetragen und veröffentlicht werden. Bei Nichtbefolgung
dieser Vorschrift tritt ein mit dem Institut der Einregist=
rierung verbundenes, eigenartiges Präsumtionenrecht ein. Der
Principal kann nämlich nur dann die Thatsache des Erlöschens
der Prokura einer dritten mit seinem ehemaligen Prokuristen
contrahierenden Persönlichkeit entgegenhalten, wenn er zu
beweisen imstande ist, daß sie dem dritten beim Geschäfts=
abschluß bekannt war.[3]) Ist jedoch die oben erwähnte ge=
setzliche Vorschrift befolgt, so muß hinwiderum der Dritt=
kontrahent die Thatsache des Erlöschens gegen sich gelten
lassen,[4]) sofern nicht durch die Umstände die Annahme be=
gründet wird, daß er das Erlöschen beim Abschluß des Ge=
schäftes weder gekannt habe, noch habe kennen müssen, eine
Frage, welche den Umständen des speciellen Falles entsprechend
ihre Beurteilung erfahren muß.

II. Untersuchen wir im Gegensatz hiezu die einfache
Handlungsbevollmächtigung des Gesetzbuches kurz auf ihre
Unterscheidungsmerkmale, so finden wir, daß sie sich vor allem
von der Prokura wesentlich durch den Gegenstand der Ge=
schäftsführung unterscheidet.

Der Umfang der Vollmachtsbefugnisse wird hier nicht
durch den Willen des Gesetzgebers, sondern durch den
Willen des jeweiligen Principals statuiert. Bestimmte Regeln

---

[1]) vergl. H. G. B. Art. 43.
[2]) l. c. Art. 54.
[3]) l. c. Art. 46 Abs. 1.
[4]) l. c. Art. 46 Abs. 2.

über diefen Umfang aufzuftellen, ift daher hier völlig un=
möglich. Eine Entfcheidung hierüber fällt der Auslegung
der in concreto erteilten Vollmacht unter Berückfichtigung
der fonftigen, obwaltenden Umftände anheim.[1]) Häufig wird
jedoch einerfeits diefe Vollmacht vom Principal nicht aus=
drücklich erteilt — was nach der Faffung des Artikel 47
fehr wohl rechtlich zuläffig ift — oder es wird eine Speciali=
fierung der allgemein erteilten Vollmacht unterlaffen; anderer=
feits ift die ausdrücklich und fpeciell erteilte Vollmacht dem
dritten Contrahenten nicht immer näher bekannt und eine Er=
kundigung, die ohnedies meiftens kaufmännifcher Sitte wider=
fpricht, nicht leicht zu bewerkftelligen. Für diefen Fall kommt
ihm das Gefetz[2]) mit einigen Interpretativfätzen zu Hilfe,
wovon hier befonders der Inhalt des Art. 47 hervorgehoben
werden mag. Diefer beftimmt den Umfang der präfumtiven
Vollmacht des zum Betriebe eines ganzen Handelsgewerbes,
fowie des zu beftimmten Arten von Gefchäften oder zu einem
einzelnen Gefchäfte beftellten Handlungsbevollmächtigten dahin,
daß fich die Vollmacht auf alle Gefchäfte und Rechtshandlungen
erftrecken foll, welche der Betrieb eines derartigen Handels=
gewerbes oder die Ausübung derartiger Gefchäfte gewöhnlich
mit fich bringt. Diefer Umfang wird alfo immer nur ver=
mutet und findet ihm gegenüber ein rechtlich zuläffiger Gegen=
beweis ftatt, wie auch das Reichsoberhandelsgericht folge=
richtig verfchiedentlich entfchieden hat.[3])

Darlehensaufnahmen, Wechfelverträge und Prozeß=

---

[1]) Makower Comment. z. H. G. B. Note 12 z. Art. 47.
[2]) H. G. B. Art. 47, 49, 50, 51.
[3]) R. O. H. I. 150 ff; IV. 294; V. 105; VI. 400; IX. 104;
XII. 277 vergl. mit VI. 401; und XVI. 127 ff.

führungsakte sind von dem präsumierten Umfang der Befug=
nisse des Handlungsbevollmächtigten ausdrücklich ausgenommen.[1])
Berechtigung zur Vornahme dieser Rechtsgeschäfte wird nur
durch eine besondere Spezialvollmacht erteilt.

Eine Eintragung in das Handelsregister, wie diese für
die Prokura vorgeschrieben ist,[2]) läßt das Gesetz hier nicht
zu, da ja durch Ernennung eines Handlungsbevollmächtigten
kein neues Rechtssubjekt für den Handelsverkehr geschaffen
wird,[3]) wie dies bei der Prokuraerteilung der Fall ist.[4])

Daß der Handlungsbevollmächtigte nicht notwendig vom
Principal, sondern auch vom Prokuristen aufgestellt werden
kann, ist aus dem bereits oben zur Prokura Erwähnten er=
sichtlich und muß ebenfalls als Gegensatz zu derselben hier
angereiht werden.

Zu dieser letzteren Klasse der Stellvertreter, zur Kate=
gorie der Handlungsbevollmächtigten, zählen nun unter
anderen auch die Handlungsreisenden,[5]) deren rechtliche
Stellung im Folgenden des näheren zergliedert werden soll.

[1]) H. G. B. Art. 47 Abs. 2.
[2]) l. c. Art. 45 Abs. 1.
[3]) Prot. S. 966 f.
[4]) Thöl Handelsr. 4. Aufl. Bd. I. § 33 b.
[5]) H. G. B. Art. 49.

Begriff und Einteilung.

I. Handlungsreisende sind solche Handlungsbevollmäch=
tigte, welche der Principal zu Geschäften an auswärtigen
Orten verwendet.[1])

Der Begriff des Gesetzes, dem ja bei dieser Darstellung
gefolgt werden soll, ist hiemit im Gegensatz zum älteren Recht[2])
ziemlich eng umgrenzt. Nicht jeder, der zum Abschluß von
Handelsgeschäften an auswärtigen Orten aufgestellt wird, er=
scheint deshalb schon als Handlungsreisender im eigentlichen
Sinne. Die gesetzlichen Bestimmungen des Art. 49 finden
nicht Anwendung auf alle Handlungsreisende ohne Unter=
schied darauf, ob sie in Diensten des Principals und in
einem dauernden Verhältnisse zu dessen Handelsgewerbe stehen
oder nicht,[3]) sie setzen vielmehr als Regel ein persönliches
Abhängigkeitsverhältnis voraus.[4])

Es scheiden sonach demnächst hier aus:

1) die selbständigen Mandatare. Es sind dies
Personen, welche, sei es von einem Kaufmann oder Nicht=
kaufmann,[5]) ohne in einem Dienst= und Abhängigkeitsverhält-

---

[1]) H. G. B. Art. 49.
[2]) Mittermaier Grundsätze d. dtsch. Privatr. 6. Aufl. § 538.
[3]) R. O. H. I. 150; IX 105; XV. 406.
[4]) Prot. S. 4515.
[5]) Wendt b. Endem. S. 295 ff. u. Puchelt Comm. Note 1 z.
Art. 298.

niß zu ihm zu stehen, mit dem Abschluß einzelner Handels=
geschäfte — soweit sie hier in Betracht kommen — an aus=
wärtigen Orten beauftragt werden.[1]) Ihre Stellung charakte=
risiert sich als gemeinrechtliches Mandatsverhältnis, dessen
Grundsätze hier entsprechende Anwendung finden und besonders
für den Vollmachtsumfang bestimmend wirken.

Aus dem Gesagten darf jedoch nicht gefolgert werden,
daß Reisende solcher Art die präsumtiven Befugnisse der
eigentlichen Handlungsreisenden niemals haben könnten, son=
dern nur, daß die Beantwortung der Frage, ob ihnen die
Befugnisse eines Handlungsreisenden zukommen oder nicht,
nach den Umständen des konkreten Falles, der kaufmännischen
Uebung und den hiefür eigens erlassenen Bestimmungen des
Handelsgesetzbuches zu erfolgen hat. Das Handelsgesetzbuch
regelt[2]) nämlich, wenn auch nicht den Vollmachtsumfang
des Mandatars, so doch die Wirkung des von jenem ab=
geschlossenen Geschäftes nach den Principien der Handlungs=
bevollmächtigung.[3]) so daß sich in Ansehung der direkten Ver=
pflichtung des Principals aus den Handlungen seines Re=
präsentanten und der Wirkung einer Pseudovollmacht resp.
einer Vollmachtsüberschreitung der Mandatar in nichts von
dem eigentlichen Handlungsreisenden unterscheidet.[4])

2) Eine besondere Art der sub 1 erwähnten selbstän=
digen Mandatare bilden die auswärtigen Agenten,[5]) Personen,

---

[1]) H. G. B. Art. 298.
[2]) l. c. Art. 297 u. 298 u. Makower 10. Aufl. S. 67.
[3]) l. c. Art. 52 u. 55 mit Art. 298.
[4]) siehe Abhandlung unten II. Abschnitt 2. Kap. Haftungsver-
hältnisse.
[5]) Puchelt Comm. z. H. G. B. S. 97 Note 2.

welche, ohne vom Mandanten abhängig[1]) und ohne kauf=
männische Kommissionäre zu sein, als Bevollmächtigte im
Namen und für Rechnung des Auftragebers Handelsgeschäfte
an auswärtigen Orten gewerbsmäßig abschließen.[2]) Da ihnen
ebenfalls die gesetzlich verlangte Zugehörigkeit zum repräsen=
tierten Handlungshause mangelt, so finden auf sie principiell
die für eigentliche Handlungsreisende geltenden gesetzlichen
Vorschriften ebenfalls keine Anwendung.

3) Auch der in der Praxis nicht selten begegnende
Provisionsreisende, eine weitere species[3]) des selbständigen
Mandatars darf nach der Begriffsbestimmung vom Hand=
lungsreisenden zunächst ebensowenig als eigentlicher Handlungs=
reisender bezeichnet werden. Als selbständiger Gewerbe=
treibender oder Reisender eines fremden Principals über=
nimmt er auch für sonstige Personen in deren Auftrag und
Vollmacht gegen Provision auswärtige Geschäftsabschlüsse.
Eben wegen dieses mangelnden Abhängigkeitsverhältnisses vom
Handlungshause der vertretenen Person darf auch der Provi=
sionsreisende nicht direkt als Handlungsreisender beurteilt
werden. Das Publikum wird ihn jedoch ohne weitere Er=
kundigung für einen gewöhnlichen Reisenden ansehen dürfen[4])
und so könnte dann thatsächlich die Beurteilung des eigent=
lichen Handlungsreisenden analoge Anwendung auf den Pro=
visionsreisenden finden.

Ueberhaupt ist anzunehmen, daß Geschäftsreisende, die

---

[1]) R. O. H. XIX. Nr. 26 S. 85.
[2]) H. G. B. Art. 272 vergl. mit 298.
[3]) Puchelt Comm. z. H. G. B. S. 92 Note 2.
[4]) Wendt b. Endem. Bd. I. S. 291 ff.

zwar nicht Handlungsbevollmächtigte gleich dem Handlungs=
reisenden, aber vom Auftraggeber ermächtigt sind, an aus=
wärtigen Orten bei alten und neuen Kunden Bestellungen
auf Waren zu suchen und mit ihnen über Warenlieferungen
Verträge zu schließen, die sich daher dem Kontrahenten gegen=
über bei Vollziehung ihrer Aufträge in ihrem Gebahren von
dem Handlungsreisenden im gesetzlichen Sinne nicht unter=
scheiden, von den Kontrahenten auch mit vollem Rechte als
Handlungsreisende angesehen werden dürfen. Natürlich wird
hiebei immer vorausgesetzt, daß dem Drittkontrahenten nicht
das fehlende Dienstverhältnis bekannt ist oder doch bekannt
sein mußte. Auch der Auftraggeber solcher Handlungsreisen=
den muß deren Handlungen eben so wider sich gelten lassen,
als wenn er dieselben gesetzlicher Regel gemäß zu Handlungs=
bevollmächtigten bestellt hätte.[1]

4) Wenn nun der bisher für auswärtige Geschäfts=
abschlüsse verwendete Handlungsreisende sich an den Ort der
Niederlassung seines Principals begibt und hier für denselben
thätig wird, oder wenn der Reisende schon ursprünglich nur
an diesem Orte als sogenannter Stadtreisender Ver=
wendung finden soll, so ist hierzu zu bemerken, daß nach
der ratio legis dieses Verhältnis wohl nach den Normen
über die rechtliche Stellung der Handlungsbevollmächtigten[2],
nicht aber der Handlungsreisenden zu beurteilen ist.[3]

II. Der möglicherweise seinem Inhalte nach näher prä=
cisierte Umfang der Vollmachtsbefugnisse eines Handlungs=

---

[1] R. O. H. I. 150.
[2] Siehe H. G. B. Art. 47, 50, 51, 58.
[3] Makower Comm Note 51 z. Art 49.

reisenden erfährt nun faft regelmäßig auch in lokaler Be=
ziehung eine genauere Umgrenzung.

Der Reisende wird bei seiner Anstellung angewiesen,
in diesem oder jenem räumlich abgegrenzten Gebietsteil, in
diesem oder jenem näher bezeichneten Land, im In= oder
Auslande unter Benützung des Land= oder Seeweges den
Handelsherrn bei Geschäftsabschlüssen zu vertreten. Hiernach
ergibt sich die in unserer Betrachtung hervorzuhebende Unter=
scheidung der Handlungsreisenden

1) in In= und Auslands= und
2) in Land= und See=Handlungsreisende.

Als Inlandsreisende mögen hier alle diejenigen, die
Befugnisse eines Handlungsreisenden mit Berechtigung aus=
übenden Personen angesehen werden, deren Arbeitsfeld inner=
halb der Grenzen des heutigen Geltungsgebietes unseres all=
gemeinen deutschen Handelsgesetzbuches, d. h. der Grenzen
unseres deutschen Reiches liegt.

Im Gegensatz hiezu ist Auslandshandlungsreisender
derjenige, der außerhalb jener Grenzen für ein inländisches
Geschäft thätig wird.

Von einem anderen Gesichtspunkt aus betrachtet läßt
sich für das hier zu besprechende Institut auch eine Gruppie=
rung in Land= und See-Reisende vornehmen, wovon der
erstere Begriff, weil im Zusammenhang mit dem bereits Ge=
sagten leicht verständlich, keiner weiteren Erläuterung bedarf
und durch eine kurze Erörterung des letzteren sich ohnedies
klar abheben wird.

Der Handel zwischen solchen Staaten, die demselben
zur See obliegen, erfordert heutzutage bei der leichten, raschen
und deshalb verhältnismäßig sicheren Verbindung einerseits

und dem gegen Seegefahr schützenden, vorzüglichen Assekuranz-
wesen andererseits nicht entfernt soviel Risiko als dies in
früherer Zeit der Fall war.[1]) Damals suchte man sich vor
Verlust dadurch zu schützen, daß man der Schiffsladung
einen handelsverständigen, zuverlässigen Mann mitgab, der
den Principal im Warenumsatz vertreten und überhaupt in
Allem dessen Interessen wahrnehmen sollte.

Aber auch heute noch bedient sich der Kaufherr mit
Vorliebe dieses Bediensteten und ist insbesondere dann hiezu
genötigt, wenn er über See in ein entferntes Land Handlung betreibt, wo ihm keine sicheren Korrespondenten zur Ver-
fügung stehen und die Einziehung der baren Bezahlung durch
Wechsel zu schwer wird oder sich bei uncivilisierten Völkern
völlig unmöglich erweist. Hier tritt unser Seehandlungsreisender ein, dem man auch den Namen Kargadör beigelegt
hat. Bei großen Schiffen und kostbaren Ladungen pflegt
man sogar diesen verantwortungsvollen Posten zu verdoppeln
und einen Ober- und Unterkargadör mitzusenden.

Fragen wir nun, nach welchem Rechte der Auslands-
reisende, gleichgiltig ob Land- oder Seehandlungsreisender,
zu beurteilen ist, so müssen wir bei der Doppelnatur seines
eingegangenen Rechtsverhältnisses zweifach unterscheiden.

Für das innere zwischen dem Principal und Handlungsreisenden bestehende Vertrags- oder Dienst-Verhältnis ist un-
streitig das inländische Recht maßgebend, zumal ja der Vertrag in dessen Herrschaftsgebiet eingegangen worden ist.
Die andere Seite jenes Rechtsverhältnisses findet ihre Darstellung in der Stellvertretung des Principals durch den

---

[1]) Büsch Darstellung des Handels 3. Aufl. Bd. I. S. 185 ff.

Handlungsreisenden Dritten gegenüber. Da der ausländische Handlungsreisende naturgemäß außerhalb des Geltungsgebietes unseres deutschen Handelsgesetzbuches in Aktion tritt, so kann hier dieses keine Geltung beanspruchen und wird hier princi= piell das Recht des Ortes des Geschäftsabschlusses Anwendung finden müssen, vorbehaltlich einer durch Staatsverträge er= folgten anderweitigen Regelung.

Uebrigens findet sich gerade in Handelsangelegenheiten unter den einzelnen Staaten vielfach übereinstimmendes Recht mehr als auf allen anderen Gebieten, weil hier eine weit= gehende Gleichheit der Interessen auch zu gleichheitlicher Rege= lung zwingt. Diese Interessengemeinschaft, sagt Gareis,[1] darf auch von der Rechtsprechung nicht ignoriert werden, und mit Recht bekennen sich daher die Gerichtshöfe zu dem Satze, daß von der Handelsgesetzgebung eines jeden Staates voraus= gesetzt werden muß, daß sie gemeinsam für das gesamte handel= treibende Publikum gelten nnd nicht einseitig blos die in= ländische Partei schützen und privilegieren wolle.

---

[1] Gareis Deutsches Handelsrecht a. a. O.

I. Abschnitt.
Das Rechtsverhältnis des Handlungsreisenden.
1. Kapitel.
Charakter des Rechtsverhältnisses.

I. Das Fundament für die rechtliche Stellung des Handlungsreisenden bildet der Vollmachtsvertrag. Derselbe setzt sich zusammen aus der Erklärung des Principals einerseits, daß und möglicherweise inwieweit der Handlungsreisende ihn beim Abschluß von Handelsgeschäften, insbesondere beim An= oder Verkauf von Waren an auswärtigen Orten vertreten solle, wozu dann andererseits in irgend einer Form die Zustimmung des Handlungsreisenden erfolgt. Diese vom Principal erteilte Vollmacht, ohne seine Einwilligung un= übertragbar,[1]) gibt die Beurteilungsquelle ab für den Fall, daß sich beim Drittkontrahenten die wichtige Frage aufdrängt, ob bei einem vorliegenden Geschäftsabschluß der Handlungs= reisende seinen Principal zu vertreten berechtigt ist, oder diese Befugnis überschreitet.

Die juristische Bedeutung dieser Stellvertretung liegt aber darin, daß alle von Handlungsreisenden abgeschlossenen Rechtsgeschäfte ihre Folgen, ihre Wirkungen für die Person und die Rechtsverhältnisse des Principals äußern. Das ist

---

[1]) H. G. B. Art. 53.

mit kurzen Worten die Erklärung deſſen, was man unter Princip der ſogenannten direkten Stellvertretung verſteht. Der Eintritt jener Rechtsfolgen ſetzt jedoch regelmäßig eine beſtimmte Art des Geſchäftsabſchluſſes voraus.

Die Folgen eines Handelsgeſchäftes treffen nur dann direkt den Principal, wenn es im Namen desſelben abgeſchloſſen wurde. Dies iſt jedoch nicht ſo zu verſtehen, als ob bei jedem Kontrahieren im Namen des Principals eine ausdrück= liche Erklärung dieſes Inhalts zu erfolgen hätte; es ſcheint dieſer Vorſchrift bereits genüge gethan, wenn nur überhaupt der Drittkontrahent ſich nicht mehr im Zweifel darüber be= findet, zu welchem Subjekte er in rechtliche Beziehungen treten ſoll. Auf welchem Wege derſelbe hierüber Gewißheit erlangt, bleibt gleichgültig; begleitende Nebenumſtände des betreffen= den Falles genügen bereits, um jenem eine ſolche zu ver= ſchaffen.[1]

Mit dem Wiſſen muß aber auch das Wollen der beiden Paktanten, des Reiſenden ſowie des Drittkontrahenten, und zwar wiederum nicht notwendig ausdrücklich überein= geſtimmt haben.[2] Wenn die Umſtände ergeben, daß der Handlungsreiſende für ſeinen Principal zu kontrahieren beab= ſichtigte und der Drittkontrahent dieſe Abſicht teilte, ſo gilt das Handelsgeſchäft ſo zweifellos für den Principal einge= gangen, daß eine urteilsmäßige Feſtſtellung ſolchen Inhalts völlig überflüſſig erſcheint.[3]

Bei einem ſchriftlichen Geſchäftsabſchluß, bei welchem

---

[1] H. G. B. Art. 52 Abſ. 2.
[2] vergl. Wendt b. Endem. S. 295 ff.
[3] R. G: XII. 13.

der Handlungsreisende mit der Firma seines Principals
zeichnet, deuten die Umstände klar genug auf einen derartigen
Inhalt hin, so daß sich Zweifel überhaupt nicht einzustellen
vermögen. Aber auch bei den die Regel bildenden münd=
lichen Geschäftsabschlüssen dürften sich etwa aufsteigende Zweifel
nicht allzu schwer heben lassen.

Der Handlungsreisende tritt entweder mit alten Kunden
seines Principals behufs eines Geschäftsabschlusses in Ver=
bindung, erscheint also diesen in seiner Eigenschaft als Stell=
vertreter bereits bekannt; oder das letztere ist nicht der
Fall, er besucht neu zu erwerbende Kunden und stellt sich
diesen in seiner Eigenschaft besonders vor oder gibt sich auf
sonstige Art zu erkennen. In allen diesen Fällen willigt der
dritte in einen Vertragsabschluß von ganz bestimmter Natur,
in die Vertragsofferte, wie sie ihm vom Handlungsreisenden
proponiert wird. Der Drittkontrahent ist also ohne weiteren
Vorbehalt willenseins mit dem Handlungsreisenden, der als
Bevollmächtigter seines Principals das Geschäft abschließen
will. Man wird daher annehmen dürfen, daß das Kontra=
hieren des dritten mit dem Handlungsreisenden ohne weiteres
auf den Principal des letzteren zu beziehen ist.

In diesem Falle geht alle und jede Rechtsfolge aus=
schließlich den Prinzipal an. Sie trifft ihn ursprünglich und
an erster Stelle, nicht erst nachdem sie ihren Durchgang
durch die Person des Handlungsreisenden genommen hat;
denn „zwischen dem Drittkontrahenten und dem Handlungs=
reisenden erzeugt das Geschäft weder Rechte noch Verbind=
lichkeiten".[1]) Der klagweise belangte Handlungsreisende braucht

---

[1]) H. G. B. Art. 52 Abs. 3.

sich nicht mit Einreden in processualem Sinne zu begnügen, welche immerhin die sogenannten Klagthatsachen d. h. die einzelnen Thatsachen, aus denen die Entstehung des Klag= rechtsverhälnisses gefolgert wird, zugeben müssen. Nein, er leugnet von vornherein, daß gegen ihn solche Klagthatsachen vorliegen, da er ja überhaupt nicht zu den Subjekten des ab= geschlossenen Kontraktes gehört.

Das vom Handlungsreisenden im Namen des Principals eingegangene Handelsgeschäft äußert also seine Wirkungen für und gegen die Person des Handelsherrn.

Dieses Princip kann aber naturgemäß nur dann Platz greifen, wenn die allgemein=rechtlichen Voraussetzungen, wie sie jedes Rechtsgeschäft für seinen Bestand und den Eintritt seiner Wirkungen verlangt, gegeben sind. Einer Handlung kann nur dann rechtliche Bedeutsamkeit zugesprochen werden, wenn sie von einer handlungsfähigen Person ausgeht. Als handelnde Person tritt hier der Handlungsreisende auf. Seine Thätigkeit setzt also Handlungsfähigkeit voraus. Da= her erscheint bereits der Minderjährige befähigt, die Stelle eines Reisenden zu begleiten. Alle Momente, welche im stande sind, auf den Thatbestand eines Handelsgeschäftes einzuwirken, finden ihre Beurteilung nach der Person des Reisenden, wie dies insbesondere auch von Zwang, Irrtum und Betrug gilt.

Da andererseits die Person des Principals es ist, welche die Folgen des beabsichtigten Geschäftes treffen sollen, so müssen auch bei ihm die rechtlichen Voraussetzungen, welche den Eintritt der Wirkungen eines Geschäftsabschlusses bedingen, vorhanden sein. Auf seine Person hat sich daher die Untersuchung zu beschränken, wenn es sich handelt um

die Frage nach der Fähigkeit zum Erwerbe und zur Ver=
äußerung, um die Frage nach der Dispositionsfähigkeit d. h.
die rechtliche Möglichkeit, sich durch Verträge verpflichten zu
können. So wäre z. B. der durch den Handlungsreisenden
erfolgte Ankauf von Waren, die der Verkäufer derselben vor=
her dem Principal gestohlen hatte, nichtig, weil ein Erwerb
der eigenen Sache undenkbar, oder es könnte ein Handelsherr
sehr wohl durch die Person eines wechselunfähigen Hand=
lungsreisenden Wechselverpflichtungen eingehen.

Es drängt sich uns nun noch die interessante Frage
auf, ob denn die Stellvertretung des Principals durch den
Handlungsreisenden auch dann für jenen die bisher geschil=
derten Wirkungen äußere, wenn die Vollmacht an dem
Mangel krankt, durch Zwang oder Betrug veranlaßt worden
zu sein.

Ist diejenige Person, welche sich die genannten rechts=
widrigen Einwirkungen auf den Willensentschluß des Prin=
cipals zu Schulden kommen ließ, gegebenenfalls identisch
mit dem Drittkontrahenten, so liegt der Fall klar. Das mit
dem Reisenden eingegangene Geschäft verdankt seine Existenz
jener widerrechtlichen Beeinflussung des Kontrahenten selbst;
und deshalb kann der Principal die Wirkungen der Stell=
vertretung paralysieren, insofern ihm die Rechtsmittel aus
Zwang und Betrug zur Seite stehen.

Nun kann aber die betrügliche oder gewaltsame Ver=
anlassung zur Vollmachtserteilung an den Handlungsreisenden
auch von letzterem selbst oder dritten, vielleicht an dessen An=
stellung interessierten Personen ausgehen, ohne daß diese die
Absicht hegten, dessen Stellung durch Kontrahieren mit dem=
selben auszunützen. In diesem Falle treten mit dem Hand=

e

lungsreisenden an Zwang und Betrug vollständig unbeteiligte
Personen in Geschäftsverbindung. Deshalb muß auch hier
der Satz seine Geltung behaupten: coactus tamen voluit,
wenn auch nur nach Zwang hat der Prinzipal trotz dem
beim Vertragsabschluß mit dem dritten durch seinen Hand=
lungsreisenden seinen Willen äußern lassen. Dafür den
Unbeteiligten verantwortlich machen, von ihm eine Auflösung
des abgeschlossenen Geschäftes verlangen zu wollen, ginge
gegen Treu und Glauben, der den Handelsverkehr beherrschen
soll. Der Principal kann sich hier nur mit Ersatzansprüchen
an denjenigen wenden, der den Zwang oder Betrug verübt
hat; ganz abgesehen davon, daß ihm ein Widerruf seiner
an den Reisenden erteilten Vollmacht jederzeit frei[1]) und
hierin noch ein weiteres, wenn auch nicht völlig ausreichendes
Hilfsmittel zur Seite steht.

Im allgemeinen bürgerlichen Rechte existiert nun für
die mangelnde Vollmacht ein Ersatzmittel in der negotiorum
gestio, wonach ein Stellvertreter auch ohne Auftrag mit
verpflichtender Wirkung für einen anderen handeln kann, in=
sofern er dessen wahres Interesse in acht nimmt.[2]) Sie
bildet ein Surrogat des civilrechtlichen Mandats, mit dem
sich unsere Abhandlung bereits oben bei der Begriffs=
bestimmung befaßte.

Jene Rechtsregel gewänne, falls wir ihre analoge An=
wendbarkeit auf das Institut des Handlungsreisenden bejahen
können, ihre praktische Bedeutung für den Fall, wo der
Handlungsreisende in Ueberschreitung seiner Vollmacht für
seinen Principal thätig wird.

[1]) H. G. B. Art. 54 Abs. 1.
[2]) Dig. de negot. gest. 3. 5.

In der That richtet sich denn auch in Ermangelung
jeglicher handelsrechtlicher Bestimmung hierüber die Ent=
scheidung der Frage, inwieweit der Principal wegen negotiorum gestio für Handlungen seines Repräsentanten in
Anspruch genommen werden kann, nach bürgerlichem Recht.[1])

Für den Handlungsreisenden dagegen, der bei Abschluß
von Geschäften seine Vollmacht überschreitet, ist die Mög=
lichkeit einer negotiorum gestio durch eine ausdrückliche
handelsrechtliche Bestimmung[2]) ausgeschlossen, wonach jener
dem Gegenkontrahenten persönlich nach Handelsrecht verhaftet
sein soll.[3]) Der dritte kann danach den Handlungsreisenden
nach seiner Wahl auf Schadensersatz oder Erfüllung belangen.
Selbstverständlich wird durch diese Gesetzesbestimmung einer
allenfalsigen nachträglichen Genehmignng des Geschäftes durch
den Principal nicht präjubiciert.

Wenn der Handlungsreisende ohne Vollmacht hiezu ein
Geschäft abschließt, das selbst nicht mehr in den gesetzlich[4])
vermuteten Umfang seines Vollmachtsbereiches fällt, und der
dominus negotii (Principal) dasselbe nachträglich genehmigt,
so liegt die Sache genau so, wie wenn der gestor als Man=
datar des dominus gehandelt hätte; mithin haftet dann der
Handelsherr dem Gegenkontrahenten wie ein Mandant.[5])

Wollte nun der Principal eines Handelsgeschäftes seinen

[1]) Puchelt Komm. z. H. G. B. 3. Aufl. Bd. I. Anm. 2. z.
Art. 52.
[2]) H. G. B. Art. 65.
[3]) siehe Abhandlung unter bei d. Haftungsverhältnissen.
[4]) H. G. B. Art. 47, 49.
[5]) R. O. H. X. 267; XIII. 16.

Reiſenden mit Prokura betrauen, ſo ſtellen ſich ſofort Zweifel
darüber ein: Läßt ſich Prokura mit der Stellung eines Hand=
lungsreiſenden vereinbaren, und wenn nicht, nach welchen
Normen wäre dann das Rechtsverhältnis der angeſtellten
Hilfsperſon zu beurteilen?

Wenn es wahr iſt, daß der Handlungsreiſende nur
eine ſpezielle Art des Handlungsbevollmächtigten[1]) darſtellt,
ſo iſt jene erſte Frage bei dem weſentlichen Unterſchied, den
das Handelsgeſetzbuch zwiſchen einfacher Handlungsbevoll=
mächtigung und Prokura macht,[2]) entſchieden zu verneinen.
Das Publikum dürfte in dieſem Falle zweifellos mit vollſter
Berechtigung dem ſog. Handlungsreiſenden ſeine Beurteilung
als Prokuriſten angedeihen laſſen und hienach ſeine Maß=
nahmen treffen.

II. Von der auf der Vollmacht beruhenden Stellver=
tretungsbefugnis, welcher unſere bisherige Erörterung galt,
iſt nun die ſogenannte innere Seite der Bevollmächtigung
oder das zwiſchen Principal und Handlungsreiſenden be=
ſtehende Vertragsverhältnis zu ſcheiden, das in der Regel
auf einen Arbeits=Freidienſt= oder Lohndienſtvertrag zurück=
zuführen iſt.[3])

In der Litteratur hat ſich nun Meinungsverſchieden=
heit darüber gebildet, ob der Handlungsbevollmächtigte
notwendig durch Dienſtvertrag dauernd angeſtellt ſein müſſe

---

[1]) Gareis H. G. B. Note z. Art. 49.
[2]) ſiehe Einleitung der Abhandlung.
[3]) vergl. Gareis H. R. S. 97.

ober nicht.[1]) Diese Streitfrage kann jedoch die hier behan=
belte specielle Art von Handlungsbevollmächtigten nicht be=
rühren, da ja der Handlungsreisende zugleich als Handlungs=
gehilfe erscheint,[2]) d. h. vom Principal zum Betriebe seines
Handelsgewerbes in ein dauerndes Dienstverhältnis ange=
nommen ist, das also auf einem Dienstmietvertrag beruht.

Ein solcher Dienstvertrag charakterisiert sich als römisch=
rechtliche locatio-conductio operarum, als Dienstmiete im
engeren Sinne. Ihr liegt ein an keine Form gebundenes
Uebereinkommen zwischen Principal und Handlungsreisenden
zu Grunde, wonach letzterer gegen ein entsprechendes Ent=
gelt seine kaufmännische Arbeitskraft in den Dienst des Prin=
cipals stellt, um dessen juristische Vertretung an auswärtigen
Orten zu übernehmen, d. h. für jenen Handelsgeschäfte ab=
zuschließen.

Durch den Dienstvertrag werden gewöhnlich die beider=
seitigen Rechte und Pflichten genauer geregelt. Regelmäßig
schriftlich, bei minderjährigen Personen mit Consens des
Vaters oder Vormundes abgeschlossen, enthält er Verein=
barungen über Zeitdauer des Engagements, Umfang der
Leistungen und Größe des Dienstlohnes. Fehlen nähere Be=
stimmungen hierüber, so entscheidet das örtliche Herkommen
oder der besondere Gebrauch des betreffenden Handlungs=

---

[1]) vergl. Thöl H. R. 4. Aufl. Bb. I. S. 201 mit § 33c;
Cosack Lehrb. des H. R. S. 60 im Gegens. hiezu
Gareis Lehrb. d. H. R. 2. Aufl. S. 95 mit 97 und R. O.
H. I. 44; V. 24, VII. 78; XV. 111; Behrend Lehrb. d. H. R. I.
S. 370ᵇ.
[2]) Makower 10. Aufl. Note b. z. Art. 57.

hauſes, bezw. das freie Ermeſſen des Richters,[1] welcher hie=
für ein Sachverſtänbigen=Gutachten einholt.

Inhaltlich jenes Vertrages kann auch der geſetzlich an=
genommene, präſumtionsartig wirkende Umfang der Voll=
macht eines Handlungsreiſenden von vornherein näher präci=
ſiert und beſchränkt werden. Kannte der Drittkontrahent
dieſe Beſchränkung oder mußte er ſie nach den Umſtänden
des Falles kennen und ließ ſich deſſenungeachtet in Geſchäfts=
abſchlüſſe mit dem ſeine Befugniſſe überſchreitenden Hand=
lungsreiſenden ein, ſo erlangt er hieraus gegen den Principal
keine Rechte.[2] Daher handelt der Geſchäftsherr in ſeinem
eigenſten Intereſſe, wenn er für möglichſte Verbreitung ſolcher
Vollmachtsbeſchränkungen ſorgt. Denn hat er zwar ſeinem
Handlungsreiſenden ſolche Schranken gezogen, ohne daß der
Drittkontrahent Kenntnis davon beſaß, ſo kann jener trotz
der Einſchränkung letzterem nach Maßgabe des für Hand=
lungsreiſende vermuteten geſetzlichen Vollmachtsumfangs ver=
pflichtet werden.

In allen Fällen bleibt jedoch der Handlungsreiſende
an die Weiſungen ſeines Principals gebunden und dieſem
für den durch ihre Außerachtlaſſung veranlaßten Schaden
haftbar.

2. Kapitel.
Entſtehung des Rechtsverhältniſſes.

Das moderne Princip der Formloſigkeit der Verträge
hat auch in unſerm allgemeinen deutſchen Handelsgeſetzbuch

---

[1] H. G. B. Art. 57.
[2] R. O. H. IV. 294; V. 207; X. 142; XII. 277; XX. 122.

und zwar für die Handelsgeschäfte seine Anerkennung ge=
funden.[1]) Da nun im Zweifel alle von einem Kaufmann
abgeschlossenen Verträge als zum Betriebe seines Handels=
gewerbes gehörig, mithin als Handelsgeschäfte angesehen
werden, so setzt auch der Vertrag zwischen dem Principal und
Handlungsreisenden keinerlei Förmlichkeit, insbesondere keine
schriftliche Abfassung voraus. In der That kann die Voll=
macht, da es für das Zustandekommen eines jeden formlosen
Rechtsgeschäftes genügt, wenn der Wille nur irgendwie er=
kennbar geäußert ist, schriftlich und mündlich ausdrücklich,
ja selbst thatsächlich d. h. ohne direkte Mitteilung durch Aus=
führungshandlung, welche den Willen erschließen läßt, er=
teilt werden.[2]) Dagegen dürfte der Umstand allein, daß
jemand an auswärtigen Orten für den Handelsherrn Ge=
schäfte abgeschlossen, es diesem mitgeteilt und dieser keine
Mißbilligung erklärt, also blos stillgeschwiegen hat, noch nicht
ausreichen, eine entsprechende Bevollmächtigung zum Hand=
lungsreisenden anzunehmen.[3]) Das Rechtssprichwort: qui
tacet, consentire videtur, muß zweifellos vor seiner An=
wendung auch hier eine sinngemäße Ergänzung erfahren:
Qui tacet, consentire videtur, ubi loqui debuit ac potuit,
durch Stillschweigen erteilt man seine Zustimmung nur dann,
wenn man zu einer Äußerung verpflichtet und auch im
stande war.

Das Recht zur Ernennung des Handlungsreisenden
steht nun vor allem dem Principal eines Handelsgewerbes

---

[1]) H. G. B. Art. 317.
[2]) R. O. H. XII. 276.
[3]) R. O. H. X. 98.

zu. Jeder Kaufmann im gesetzlichen Sinne des Wortes, also jede Person, welche Handelsgeschäfte betreibt, um sie als dauernde Einkommensquelle zu benützen, gleichgültig, ob Voll- oder Minderkaufmann,[1]) sowie die dem Kaufmann gesetzlich gleichgestellten Gesellschaften können einen solchen Stellvertreter zum Abschluß auswärtiger Geschäfte creieren. Der Umstand, daß im Gesetzesbegriff vom Handlungsreisenden[2]) der Principal ausdrücklich und allein als berechtigt zur Anstellung desselben erwähnt wird, soll nicht etwa dem Prokuristen mit dem Handlungsbevollmächtigten die Berechtigung hiezu von vornherein absprechen, sondern lediglich das Abhängigkeitsverhältnis, in dem der Reisende zum Handlungshause stehen soll, schärfer markieren. Durch eine derartige Fassung sollte angedeutet sein, daß nicht alle diejenigen als Reisende benützten Personen, welche nicht in Diensten des Principals und in einem dauernden Verhältnis zu dessen Handelsgewerbe stehen, schon um dieser ihrer Eigenschaft als Reisende willen berechtigt seien, alle jene Rechtshandlungen vorzunehmen, welche das Reisen in Handelsangelegenheiten mit sich bringt.[8])

Der Prokurist, ja selbst der Handlungsbevollmächtigte könnte demgemäß einen Handlungsreisenden mit rechtlicher Wirkung anstellen. Was insbesondere letzteren betrifft, der ebensowenig, wie jener seine ganze Vollmacht[4]) übertragen kann, so wäre es Frage des speciellen Falles, darüber zu

---

[1]) vergl. H. G. B. Art. 10.
[2]) siehe l. c. Art. 49.
[3]) v. Hahn Komm. z. H. G. B. 2. Aufl. Note zu Art. 49.
[4]) H. G. B. Art. 53.

entscheiden, ob er befugt ist, innerhalb seiner Vollmachtssphäre Handlungsreisende zu ernennen.[1]

Bei Betrachtung der Entstehung des Rechtsverhält= nisses muß auch des Entstehungs o r t e s insofern kurz gedacht werden, als für den Umfang der dem Handlungsreisenden erteilten Vollmacht innerhalb ihres gesetzlichen Rahmens, d. h. soweit das Gesetz[2]) der Entwicklung des Ortsbrauches freien Spielraum gestattet, der Ort der Ausstellung, nicht jener des Gebrauches entscheidet.[3])

Eine Eintragung der vollzogenen Vollmachtserteilung in das Handelsregister erscheint unstatthaft,[4]) so umfassend auch die erteilte Vollmacht immer sein mag, ja selbst dann, wenn sie mit Bezug auf ihren thatsächlichen Umfang mit der Prokura konkurrieren könnte.

Eine abändernde Ergänzung dieses Grundsatzes ent= halten einige Einführungsgesetze, welche in diesem Punkte unzweifelhaft auch heute noch als maßgebend betrachtet wer= den dürfen. So läßt z. B. die Bremer Einführungsver= ordnung (§ 11) eine solche Eintragung auch für die Stellung des Handlungsreisenden zu und läßt dann für den Fall, daß von dieser Zulassung Gebrauch gemacht worden ist, im wesentlichen alle für die Erteilung, das Erlöschen und die Aende= rung der Prokura[5]) bedeutsamen Vorschriften auch hier analoge Anwendung finden. Auch die Einführungsgesetze von Han=

---

[1]) v. Hahn Note z. Art. 53.
[2]) H. G. B. Art. 47.
[3]) Puchelt Komm. z. H. G. B. 3. Aufl. Bd. I. Note 3a zu Art. 49.
[4]) Prot. S. 966 f.
[5]) H. G. B. Art. 13, 45, 46.

nover (§ 13), Mecklenburg-Schwerin (§ 17), Mecklenburg-Strelitz (§ 17) und Oldenburg (§ 13) stimmen hiemit völlig überein.

Da wir nun die Zulässigkeit der Einregistrierung principiell verneinen mußten, so kann auch von einer Pflicht zur öffentlichen Bekanntmachung jener Thatsache ebenso wenig die Rede sein; denn nur Eintragungen in das Handelsregister unterliegen für gewöhnlich jener handelsrechtlichen Vorschrift,[1]) wonach sie vom Handelsgerichte nach ihrem ganzen Inhalte durch eine oder mehrere Anzeigen in öffentlichen Blättern bekannt zu machen sind.

---

[1]) H. G. B. (Art. 13.)

II. Abschnitt.

Folgen des eingegangenen Rechtsverhältnisses.

1. Kapitel.

Rechte und Pflichten des Handlungsreisenden.

Falls der Geschäftsherr es nicht für geboten erachtet, seinem Reisenden genauer abgegrenzte Bahnen vorzuzeichnen, in denen er bei Ausübung seines Berufes zu wandeln hat, ist es zunächst der Art. 49 im Zusammenhalt mit Art. 47 unseres allgemeinen deutschen Handelsgesetzbuches, auf den wir jedesmal bei der Frage nach dem Umfang seines Rechten- und Pflichtenkreises rekurrieren müssen und zwar sowohl in Anbetracht seiner rechtlichen Stellung dritten als auch seinem Principal gegenüber.[1])

I. In den meisten Handelshäusern herrscht die kaufmännische Sitte, die Geschäftskunden von der Ernennung resp. dem Wechsel in der Person des Handlungsreisenden durch ein Cirkular zu verständigen, damit hier Irrtum und Betrug soviel als möglich ausgeschlossen bleibt, und der ehemalige Handlungsreisende sich nicht etwa Rechte anmaße, die ihm gar nicht mehr zustehen.

Was nun den Vollmachtsumfang des bereits angemeldeten Handlungsreisenden betrifft, so darf der Gegenkontrahent,

---

[1]) R. O. H. XXIV. 197.

wenn nicht gerade besondere Verdachtsgründe vorliegen, seinen wörtlich oder thatsächlich gemachten Aeußerungen über jenen Umfang trauen, ohne Schädigung befürchten zu müssen.[1]) Hat aber der Chef des Handelshauses sich über den Voll= machtsumfang seines Reisenden nicht geäußert oder für Ver= öffentlichung etwaiger Aeußerungen nicht genügend Sorge getragen, so darf der Gegenkontrahent beim Handlungsreisen= den jenen eingangs erwähnten, gesetzlich vermuteten Kreis von Befugnissen voraussetzen.

Hienach darf der Reisende alle Geschäfte und Rechts= handlungen vornehmen, welche die Ausführung des ihm in dieser seiner Eigenschaft als Reisender übertragenen Geschäfts= kreises gewöhnlich mit sich bringt.[2]) Seine Vollmacht wird solange im Bereiche des Gewöhnlichen vermutet, bis der hier rechtlich zulässige Gegenbeweis[3]) erbracht ist. Welchen Um= fang der Geschäftskreis gewöhnlich hat und ob er das vor= liegenden Falles vom Reisenden abzuschließende Geschäft noch mitumfaßt, dies ist lediglich aus den Umständen des beson= deren Falles abzuleiten. Bei dieser Untersuchung wird Be= rücksichtigung der Natur und des Umfanges des Handels= gewerbes, für welches der Reisende bestellt ist, sowie Er= mittlung der Ortsüblichkeit schätzenswerte Dienste leisten. Hiebei sind aber nicht nur die individuellen Geschäftsver= hältnisse des jeweiligen Principals maßgebend, sondern über= haupt schon der Gebrauch in Geschäften derselben Art ge=

[1]) R. O. H. X. 43.
[2]) H. G. B. Art. 47.
[3]) R. O. H. I. 150; IV. 294; V. 105, 207; VI. 86, 153, 400; VIII. 150; IX. 104; X. 142; XII. 277; XVI. 127; XXIII. 348.

nügt, um den Umfang der Befugnisse eines Handlungsreisen=
den zu ermessen.[1])

Die Ausführung dessen, was dem Handlungsreisenden
übertragen, umfaßt nun insbesondere auch das Recht, Kauf=
gelder aus den von ihm abgeschlossenen Verkäufen einzuziehen
oder für den Kaufpreis Zahlungsfristen zu bewilligen.[2]) Mit
dieser Entscheidung soll jedoch die weitere Frage, ob dem
Handlungsreisenden jene Berechtigung auch für die von seinem
Principal oder von früheren Handlungsreisenden abgeschlossenen
Geschäfte zustehe, nicht principiell verneint werden;[3]) über
ihre Beantwortung müssen uns die geltenden Handelsgebräuche
und in Ermangelung solcher die Bestimmungen des allge=
meinen bürgerlichen Rechtes über Vollmachten den gewünschten
Aufschluß erteilen.[4]) Nach denselben Grundsätzen findet auch
die Frage ihre Beurteilung, ob Reisende, welche nicht in
Diensten des Principals, sondern nur in einem kontraktlichen
Verhältnisse zu ihm stehen, als stillschweigend ermächtigt
gelten, den Kaufpreis für bei ihnen bestellte Waren einzu=
ziehen resp. zu stunden.[5])

Da der Reisende als auswärtiger Vertreter seines
Handelshauses in allem dessen wahres Interesse zu vertreten
hat, so muß es wohl auch als im Bereiche seines Geschäfts=
kreises liegend erachtet werden, wenn er in Vertretung jener
Interessen mit den Kunden minderwichtige Vergleiche abschließt

[1]) R. O. H. VI. 154.
[2]) H. G. B. Art. 49.
[3]) Prot. 4517.
[4]) vergl. Makower Komm. zu H. G. B. Note 15b z. Art. 49.
[5]) R. O. H. XV. 408.

oder ihnen geringfügige Ausstände nachläßt, etwa um durch
Beseitigung eingetretener Differenzen dieselben seinem Hause
zu erhalten. Naturgemäß erheischt die Beurteilung solcher
Fragen bei der großen Gefahr allzuleichten Mißbrauchs durch
den Reisenden große Vorsicht. Das Reichsoberhandelsgericht[1])
nimmt als Regel an, daß Handlungsreisende nicht befugt
sind, Geschäfte, deren Abschluß sie dem Principal angezeigt
haben und welche von diesem bereits so vollzogen sind, daß
er einen begründeten Anspruch auf das Kaufgeld hat, wieder
rückgängig zu machen und ohne jeden Rechtsgrund auf wohl-
erworbene Rechte des Principals Verzicht zu leisten.

Regelmäßig stellt der Geschäftsherr seinem Reisenden
ein Preislimito, welches für letzteren bei Käufen und Verkäufen den höchsten Einkaufs= resp. den niedersten Verkaufs=
preis in bindender Weise vorschreibt. An diese äußersten
Grenzen ist nun der Handlungsreisende bei dem ihm zu=
stehenden Rechte zur Preisbestimmung unzweifelhaft gebunden.
Aber dem Gegenkontrahenten gegenüber gilt eine derartige
Beschränkung nur dann, wenn er hievon Kenntnis hatte oder
haben mußte.[2])

Soweit dem Reisenden im Sinne der bisherigen Er=
örterung die Berechtigung zur Einziehung von Kaufgeldern
zusteht, gilt er auch als befugt, den Empfang solcher Be=
träge zu quittieren, da bei der Untrennbarkeit beider Be=
fugnisse eine Absprechung der letzteren notwendig auch Ver=
neinung der ersteren enthielte.

Hiebei sowohl als bei allen schriftlichen Vertragsab=

---

[1]) R. O. H. VII. 126.
[2]) R. O. H. XXIII. Nr. 115 S. 348.

schlüſſen darf und ſoll der Reiſende mit der Firma ſeines Principals unterzeichnen.[1]) Dieſe Firmenzeichnung ſoll er durch einen ſein Vollmachtsverhältnis ausdrückenden Zuſatz, etwa mit „J. V.“ (in Vollmacht) oder „mand. noe“ (mandantis nomine, im Namen des Auftraggebers) ergänzen. Da jedoch das Geſetz an die Beobachtung dieſer vorgeſchrie= benen Firmenzeichnung keine beſondere Rechtsfolge geknüpft hat, ſo läßt ſich hierin lediglich eine Ordnungsvorſchrift er= kennen und es genügt ſomit ſchon die bloße Unterzeichnung mit der Firma des Principals zur Vollgiltigkeit des Rechts= geſchäftes ohne einen das Vollmachtsverhältnis erkennbar machenden Zuſatz.

Die eminente Bedeutung, welche unſer Handlungs= reiſender allmählich im Merkantilverkehr gewonnen, ſowie die keineswegs gering zu ſchätzende Verantwortlichkeit, welche dem Chef für ſeinen auswärtigen Vertreter zugeſprochen wird, haben ſeine Stellung zu einem beſonderen Vertrauensposten geſtempelt. Das Verbot der Uebertragbarkeit ſeiner Voll= macht ohne die Einwilligung des Geſchäftsherrn[2]) bildet da= her nur eine notwendige Conſequenz. Hiemit wird die Frage, ob ſich der Reiſende für e i n z e l n e Geſchäfte nicht fremde Perſonen ſubſtituieren dürfe, nicht von vornherein verneint. Ja, eine ſolche Aufſtellung von Stellvertretern kann ſogar, wo es das Intereſſe des Handelshauſes erheiſcht, bisweilen dringend geboten ſein.

Zuwiderhandlungen gegen dieſes Subſtitutionsverbot gelten ebenſo wie dem Principal ſo auch dem Drittkontrahenten

---

1) H. G. B. Art. 48.
2) H. G. B. Art. 53.

gegenüber für wirkungslos, wie andererseits auf den recht=
mäßig substituierten Stellvertreter alle rücksichtlich eines direkt
vom Principal bestellten Handlungsreisenden geltenden Vor=
schriften analoge Anwendung finden.[1])

Wir haben bisher in positiver Hinsicht den Umfang
der Rechte eines Handlungsreisenden zu bestimmen gesucht,
indem wir im allgemeinen ermittelten, welche Geschäfte und
Rechtshandlungen die Ausübung seiner Berufsthätigkeit mit
sich zu bringen pflegt. Nun begrenzt aber unser Gesetz[2])
jenes Gebiet auch in negativer Weise durch Ausscheidung
dreier speciell angeführter Punkte. Zum Eingehen von
Wechselverbindlichkeiten, zur Aufnahme von Darlehen, wie
zur Proceßführung soll der Reisende trotz Herkommens und
Geschäftsgebrauches ohne eigens hiezu erteilte Vollmacht von
Rechtswegen nicht ermächtigt gelten.

Da der Handlungsreisende Handelsgehilfe[3]) im Sinne
unseres Gesetzbuches ist, d. h. in dienstlicher Abhängigkeit
vom Geschäftsinhaber für dessen Handelsgewerbe kaufmännische
Dienste zu leisten hat, so muß ihm auch die Berechtigung
zum Selbsthandelsbetrieb, sei es für eigene oder für fremde
Rechnung ohne Genehmigung seines Dienstherrn abgesprochen
werden.[4]) Das Verbot gilt für die bezeichneten Personen
ohne Unterschied, ob der Selbsthandelsbetrieb sich aus Handels=
geschäften zusammensetzt, welche mit den dem Reisenden vom
Principal übertragenen gleichgeartet sind oder nicht. Auch

---

[1]) Prot. 959 u. 1425.
[2]) H. G. B. Art. 47 Abs. 2.
[3]) Makower Komm. z. H. G. B. Note b z. Art. 57.
[4]) H. G. B. Art. 59.

in diesem letzteren Falle würden sie zu einer Vernachlässigung der Interessen des Geschäftsherrn führen, der doch von seinem Reisenden verlangen darf, daß er seine ganze Sorgfalt dem ihm übertragenen Geschäftskreise zuwende.[1]) Jedoch müssen diese Geschäfte gerade bei der Person des Handlungsreisenden die Qualität von Handelsgeschäften besitzen. Den Erwerb des Reisenden durch Nichthandelsgeschäfte läßt jenes Verbot unberührt. Der Vertragsgegenpartei gegenüber vermag jedoch die erwähnte Rechtsvorschrift für die einmal abgeschlossenen Handelsgeschäfte keine Ungültigkeit zu bewirken.

Nun kann aber auch eine stillschweigende, aus den Umständen zu folgernde Genehmigung des Principals dem Reisenden das Recht zum Selbsthandelsbetrieb einräumen. So ist insbesondere dann eine Einwilligung des Geschäfts= herrn anzunehmen, wenn er bei Bestellung seines Reisenden, der, wie ihm bekannt, bisher für eigene oder fremde Rech= nung Handelsgeschäfte betrieb, eine Aufgabe dieses Betriebes nicht ausbedungen hat.[2]) Auch ohne Einwilligung des Princi= pals steht das Recht zum Selbsthandelsbetrieb denjenigen Reisenden zu, die nicht zugleich Handlungsgehilfen sind, eine Beobachtung, die wir deutlich am Agenten und Provisions= reisenden machen können. Deshalb muß bei der Aufzählung ihrer Befugnisse auch des wichtigen Rechtes zum Selbsthandels= betriebe gedacht werden.

Eine Vorbedingung für die Ausübung aller dem Handlungsreisenden zustehenden Rechte bildet der Besitz einer Legitimationskarte,[3]) welche auf den Antrag des Principals

---

[1]) Makower Note z. Art. 56.
[2]) H. G. B. Art. 59 mit 56.
[3]) Reichs-Gew.-Ordnung § 44a.

von der für deſſen Niederlaſſungsort zuſtändigen Diſtriks=
verwaltungsbehörde[1]) für die Dauer des Kalenderjahres und
den Umfang des Reiches ausgeſtellt wird. Die Legitimations=
karte enthält den Namen des Reiſenden, den Namen der
Perſon oder der Firma, in deren Dienſten er handelt und
die nähere Bezeichnung des Gewerbebetriebes.

Der Inhaber der Legitimationskarte iſt verpflichtet,
dieſelbe während der Ausübung ſeines Berufes bei ſich zu
führen, auf Erfordern den zuſtändigen Beamten oder Be=
hörden vorzuzeigen und, ſofern er hiezu nicht imſtande iſt,
auf deren Geheiß ſeine Thätigkeit bis zur Herbeiſchaffung
der Legitimationskarte einzuſtellen.

Die Legitimationskarte iſt nach ausdrücklicher Be=
ſtimmung der Gewerbeordnung von der Behörde zu ver=
ſagen,[2]) wenn der Handlungsreiſende

1. mit einer abſchreckenden oder anſteckenden Krankheit
   behaftet oder in einer abſchreckenden Weiſe entſtellt iſt;
2. unter Polizeiaufſicht ſteht;
3. wegen ſtrafbarer Handlungen aus Gewinnſucht gegen
   das Eigentum, gegen die Sittlichkeit, wegen vorſätzlicher
   Angriffe auf das Leben und die Geſundheit der Men=
   ſchen, wegen vorſätzlicher Brandſtiftung, wegen Zu=
   widerhandlungen gegen Verbote oder Sicherungsmaß=
   regeln, betreffend Einführung oder Verbreitung an=
   ſteckender Krankheiten oder Viehſeuchen, zu einer Frei=
   heitsſtrafe von mindeſtens 3 Monaten verurteilt iſt,

---

[1]) Vollzugsverordnung v. 27. Dez. 1883 G. B. Blatt S. 511.
[2]) G. O. § 44a und § 57.

und seit Verbüßung der Strafe 3 Jahre noch nicht
verflossen sind;

4. wegen gewohnheitsmäßiger Arbeitsscheu, Bettelei, Land=
streicherei, Trunksucht übel berüchtigt ist.

Außerdem darf sie nur dann versagt werden, wenn
der Handlungsreisende wegen der sub 3 angeführten straf=
baren Handlungen zu einer Freiheitsstrafe von mindestens
6 Wochen verurteilt ist, und seit Verbüßung der Strafe
3 Jahre noch nicht verflossen sind. In diesem Falle ist also
Versagung resp. Erteilung der Legitimationskarte in das
Ermessen der Behörde gestellt, welche auch, falls besondere
Billigkeitsgründe eine Ausnahme rechtfertigen, trotz der er=
wähnten Vorstrafe die Legitimationskarte erteilen kann.[1]

War eine der sub 1 bis 4 bezeichneten Voraussetzungen
zur Zeit der Erteilung der Legitimationskarte zwar vor=
handen, der Behörde aber unbekannt geblieben, oder ist eine
jener Voraussetzungen erst nachträglich eingetreten, so kann
die ausstellende Behörde die Legitimationskarte immer noch
zurücknehmen.

Die gleiche Befugnis steht der erwähnten Behörde zu,
falls der Handlungsreisende gewisse von der Gewerbeordnung
gezogene Schranken[2] überschreitet. Jene Vorschriften lauten
aber also:

1. Die aufgekauften Waren dürfen nur behufs deren Be=
förderung nach dem Bestimmungsort mitgeführt wer=
den; von den Waren, auf welche Bestellungen gesucht
werden, dürfen nur Proben und Muster mitgeführt

---

[1] G. O. § 57b 2.
[2] l. c. § 44.

werden, soweit nicht der Bundesrat für bestimmte
Waren, welche im Verhältnis zu ihrem Umfange einen
hohen Wert repräsentieren und übungsgemäß an die
Wiederverkäufer im Stück abgesetzt werden, zum Zweck
des Absatzes an Personen, welche damit Handel
treiben, Ausnahmen zuläßt.

Thatsächlich hat denn auch der Bundesrat[1]) eine
solche Ausnahme für die Reisenden der Gold- und
Silberwarenfabrikanten und -Großhändler, von Taschen-
uhren-Bijouteriewarenfabrikanten und -Großhändlern,
sowie von Gewerbetreibenden, welche mit Edelsteinen,
Perlen, Kameen und Korallen Großhandel treiben, zu-
gelassen unter der Voraussetzung, daß die von ihnen
feilgebotenen Waren übungsgemäß an die Wiederverkäufer nur im Stück abgesetzt werden.

2. Das Ankaufen von Waren darf ferner nur bei Kauf-
leuten oder solchen Personen, welche die Ware produ-
cieren, oder in offenen Verkaufsstellen erfolgen.

Wollte ein Handlungsreisender mehrere Firmen aus
verschiedenen Verwaltungsbezirken vertreten, so wird es für
ihn der Ausstellung mehrerer Legitimationskarten bedürfen,
wenn nicht die beteiligten Behörden sich über die Ausstellung
einer gemeinschaftlichen Karte verständigen sollten.

II. Als völlig selbstverständlich mag es uns dünken,
daß man die Gefahr des Mißbrauches, welche die einfluß-
reiche Rechtsstellung des Handlungsreisenden in sich birgt,
durch Aufbürdung eines entsprechenden Maßes von Verant-

---

[1]) Bekanntmachung d. Reichskanzlers v. 31. Okt. 83. G. B. Bl.
S. 469.

wortlichkeit zu beseitigen sucht. Dies führt uns von selbst zum zweiten Teil dieses Kapitels, zur Betrachtung der Pflich= ten des Handlungsreisenden.

Von jenen Pflichten, welche den Handlungsreisenden als Handlungsgehilfen treffen und naturgemäß in seinem Dienstverhältnis zum Handlungshause wurzeln, abgesehen, hat unser allgemeines deutsches Handelsgesetzbuch die Rege= lung dieser Materie großenteils dem handelsrechtlichen Ge= wohnheitsrechte¹) überlassen, das aus dem Rechtsbewußtsein und Rechtsverständnis des Handelsstandes fortwährend lebens= kräftig sich entwickelnd allezeit am besten den Bedürfnissen des Handelsverkehrs in dieser Beziehung gerecht zu werden vermag.

Treue und Glauben, die mächtigsten Förderer im Handelsleben überhaupt müssen insbesondere auch dieses gegen= seitige Vertrauensverhältnis zwischen Principal und Reisenden beherrschen, um es zu segensreicher Entfaltung seiner Blüten und Früchte zu veranlassen. Wir können an dieser Stelle nur den Handelsusancen im engeren Sinne, d. h. den Handels= gebräuchen ohne örtliche Begrenzung folgen, ohne uns durch die im Ganzen unwesentlichen Abarten der Ortsgebräuche mit blos lokalem Vorkommen von unserer Betrachtung abziehen zu lassen.

In den ältesten Zeiten ging der Kaufmann mit seiner Ware selbst auf Reisen, weil er dieselbe bei dem damals un= sicheren Verkehrswesen, den noch wenig geordneten staatlichen Zuständen und der hieburch bedingten Gefahr leichteren Ver= lustes keiner fremden Hand anvertrauen mochte.²)

¹) H. G. B. Art. 1.
²) Büsch, Darstellung d. Handels Bd. I. S. 184 ff.

Heutzutage ist es die Person des Reisenden, die frei= lich nicht mehr in jener alten Form die Funktionen des Kaufmannes an auswärtigen Orten verrichtet. Sie hat daher in allem die Interessen ihres Handlungshauses so zu ver= treten, wie sie der Handelsherr gewahrt wissen möchte und selbst wahren würde und überhaupt jede seiner Firma nach= teilige Handlung unbedingt zu unterlassen. Wenn es wahr ist, daß der Credit, welchen ein Kaufmann beim Publikum genießt, für ihn bare Geldmittel bedeuten, so gehört Wahrung des Credits seines Principals zu den vorzüglichsten Pflichten des Handlungsreisenden.

Je nachdem Ausdehnung und Art des Betriebszweiges eines Geschäftes es erfordert, erscheint der Reisende in bald kürzeren, bald längeren Zwischenpausen am Orte des Ge- schäftssitzes seines Principals gewöhnlich zu dem Zwecke, um eine größere Menge von „Bestellungen", die nicht wegen bringender Eile bereits per Post erledigt werden mußten, „abzuliefern". Vielfach ist es auch der gerade erfolgte Ab= schluß mit der Bereisung eines Gebietsteiles oder eine an den Reisenden diesbezüglich ergangene Aufforderung des Chefs oder die sich als notwendig erweisende Anwesenheit des Reisenden im Handelshause zum Zweck persönlicher Rück= sprache mit dem Principal, welche bestimmend auf die Dauer jener Zwischenpausen wirkt. Damit ist auch regelmäßig der Zeitpunkt herangerückt, wo der Handelsherr von dem Reisen= den über seine bisherige geschäftliche Thätigkeit Rechenschaft verlangt.

Die Berichterstattung beschränkt sich in gedrängter Kürze auf alles dem Kaufherrn geschäftlich Wissenswerte, insbeson= dere über gemachte Ein= oder Verkäufe, über Zahl und Zahl-

fähigkeit neu erworbener, über den Bestand der bisherigen
Geschäftskunden, über Beschwerden der Käufer wegen Höhe
der Preissätze, Qualität der Waren und Unregelmäßigkeit in
deren Zustellung.

Teilweisen Beweis für die Wahrheit des also Berichteten
vermag die Rechnungslegung des Handlungsreisenden
zu liefern. Diese Pflicht erstreckt sich insbesondere auf Ein=
ziehung oder Creditierung von Kaufgeldern, auf eventuell
mit Kunden abgeschlossene Vergleiche oder denselben bewilligte
kleinere Nachlässe, auf Berechnung des Reiseaufwandes und
erfaßt überhaupt alle Punkte, bei welchen Geldmittel der
vertretenen Firma in Frage kommen.

2. Kapitel.
Haftungsverhältnisse.

Die Wechselbeziehungen, in welche Principal, Hand=
lungsreisender und Publikum im Handelsverkehr täglich zu
einander treten, haben für die beiden ersten Teile Haftungs=
verhältnisse im Gefolge, wie sie gerade unsere moderne Rechts=
bildung mit Rücksicht auf die Verkehrssicherheit bedürfnis=
gemäß entwickelt und vervollkommnet hat. So lassen sich
denn in der That breierlei Arten von Haftungsverhältnissen
ausscheiden: Die Haftung

I. des Handlungsreisenden gegenüber dem Principal;

II. des Handlungsreisenden gegenüber den Drittkon=
trahenten;

III. des Principals für den Handlungsreisenden.

Wenn wir von einer Haftung des Handlungsreisenden
Drittkontrahenten gegenüber reden, so ist dieser Ausdruck un=
genau gewählt, insoferne jener aus den eingegangenen Handels=

geschäften ebensowenig verpflichtet wie berechtigt werden kann.[1]) Er handelt in seiner Qualität als Handlungsreisender für Rechnung des Principals und als dessen Bevollmächtigter. Fehlt eines dieser beiden Erfordernisse, kontrahiert er also für seine eigene Rechnung oder besitzt er, sei es überhaupt oder nur zu einem speciellen Geschäftsabschluß, keine Voll= macht, so tritt nun allerdings unter gewissen Voraussetzungen Eigenhaftung ein; aber es tritt sofort klar zu Tage, daß hiefür nicht seine Eigenschaft als Handlungsreisender den Rechtsgrund abgibt. Indes möge es gestattet sein, jenen einmal gewählten Ausdruck unter dem gemachten Vorbehalt der Kürze und Zusammenstellungsart wegen hier beibehalten zu dürfen.

I. Haftung des Reisenden gegenüber dem Principal. Ganz anders verhält es sich mit dem hier zu besprechenden Haftungsverhältnis. Mußten wir dort den Ausdruck als nicht präcis genug bezeichnen, so findet der vorliegende hier mit vollster Berechtigung seine Anwendung; denn daß der Reisende unter gewissen Bedingungen seinem Principal haft= bar wird, erweist sich als notwendige Consequenz der inneren Seite seiner Bevollmächtigung, d. h. des zwischen ihm und seinem Principal bestehenden Vertragsverhältnisses.

Die Haftung für aquilische Culpa, welche den Hand= lungsreisenden, wie jedermann, bereits nach gemeinem bürger= lichen Rechte trifft,[2]) also bei ihm nicht etwa als Folge seiner besonderen Stellung angesehen werden kann, mag hier nur der Vollständigkeit halber kurze Erwähnung finden; wegen

---

[1]) H. G. B. Art. 52 Abs. 3.
[2]) Dig. ad. leg. Aquil. 9. 2.

Zerstörung oder Beschädigung fremder Sachen wird jeder zum Schadenersatz verpflichtet, soferne jene nur irgendwie als Folge einer nicht schuldlosen Thätigkeit, wenn auch nur einer Unachtsamkeit im Thun, ihm zur Last gelegt werden kann.[1])

Der Handlungsreisende jedoch, welcher in einem besonderen Verpflichtungsverhältnisse zu seinem Principal steht, hat nicht nur jeden diesem böswilliger= oder grobfahrläſſiger= weise zugefügten Schaden zu verantworten, sondern auch noch in deſſen Intereſſe eine gewiſſe Sorgfalt oder Befliſſenheit zu bethätigen, deren Verſäumung, es ſei durch Mangel an Achtſamkeit bei ſeiner Thätigkeit oder durch reine Unthätig= keit eben darum als Verſchulden gegen jenes Verpflichtungs= verhältnis erſcheint. Einen allgemeinen Maßſtab für jene vom Reiſenden aufzuwendende Sorgfalt gibt die diligentia diligentis mercateris, d. h. jene Sorgfalt, wie ſie ein ver= ſtändiger und ſorgſamer Kaufmann in gleichem Verhältnis regelmäßig bewähren wird.

Darnach haftet der Reiſende ſeinem Principal ins= beſondere für allen Schaden infolge verſpäteter und unvoll= ſtändiger Anzeige eines erfolgten Geſchäftsabſchluſſes.[2]) Nach jenem kurz vorher angeführten Maßſtab kann der Handlungsherr ſeinen Reiſenden ſogar für die Zahlungs= fähigkeit des Gegenkontrahenten verantwortlich machen, falls er ihm Mangel jener pflichtmäßigen Sorgfalt nachzuweiſen vermag, welche jedenfalls auch die nötige Vorſicht bei Ge= ſchäftsabſchlüſſen und bei ſich einſtellenden Zweifeln Erkun=

---

[1]) Arndts Pand. 2. Aufl. S. 93.
[2]) R. O. H. XI. 93.

bigungspflicht über den Credit des Gegenkontrahenten zum Gegenstand hat.

Eine weitere Haftpflicht von einschneidender Bedeutung für die Person des Handlungsreisenden statuiert das Handels= gesetzbuch, insofern jener gleichzeitig als Handlungsgehilfe seines Principals zu betrachten ist.

Der Handlungsreisende, welcher dem Verbot des Selbst= handelsbetriebes entgegen ohne Einwilligung seines Principals für eigene oder fremde Rechnung Handelsgeschäfte betreibt, muß seinem Handelsherrn auf Verlangen allen hieburch ver= ursachten Schaden ersetzen. Jenes Verbot erstreckt sich sowohl auf den gewerbsmäßigen Handelsbetrieb als auch auf den Abschluß einzelner Handelsgeschäfte. Auch muß sich der Handlungsreisende gefallen lassen, — neben der Schadens= ersatzforderung oder auch ohne diese — daß die für seine eigene Rechnung gemachten Geschäfte als für Rechnung des Principals geschlossen angesehen werden.[1] Abgesehen von der Verjährungsfrist ist der Principal bei Ausübung dieser Befugnis an keine Frist gebunden.[2] Diese temporär ziemlich weit begrenzte Berechtigung kann besonders insofern Bedeu= tung erlangen, als der Principal namentlich vor Erfüllung des Geschäftes mit seiner Erklärung zögert, bis die Geschäfts= konjunktur zu seinen Gunsten spricht. Häufig wird jedoch den Umständen gemäß aus dem Stillschweigen des Principals nach erlangter Kenntnis von dem Abschluß resp. der Er= füllung eines Geschäftes seine Einwilligung zu folgern sein.

Die Berechtigung, welche diese ganze Bestimmung dem

[1] H. G. B. Art. 59 und 56.
[2] Gareis Lehrb. d. H. R. 2. Aufl. S. 99 f.

Principal zuspricht, gilt nur dem Handlungsreisenden, nicht auch dem Drittkontrahenten gegenüber. Die Richtigkeit dieser Behauptung kann für den Fall, wo der Handlungsreisende für Rechnung eines dritten kontrahierte, wo es sich also lediglich um Schadensersatz handeln kann, gar nicht bezweifelt werden. Sie wird aber auch in dem Falle Anerkennung finden müssen, wo der Principal von seinem Rechte, das vom Reisenden für e i g e n e Rechnung abgeschlossene Geschäft an sich zu ziehen, Gebrauch macht. Als Beweis hiefür mag folgende Thatsache dienen:

Der ganze, jenes Verbot sowie die Folgen seiner Ueber= tretung behandelnde Gesetzartikel berührt mit keinem Worte die Frage, in wessen N a m e n, sondern schreibt nur vor, für wessen R e c h n u n g zu kontrahieren sei. Es erscheint hier völlig gleichgiltig, in wessen Namen das Geschäft abgeschlossen wurde. Ja, daß es nicht im Namen des Principals, sondern etwa in dem des Reisenden seinen Abschluß fand, kann sogar bisweilen das Interesse des Principals erheischen; nur wenn dies nicht für Rechnung des Principals geschah, soll es auf dessen Verlangen hin als für seine Rechnung abgeschlossen gelten. Die Frage aber, für wessen Rechnung ein vom Handlungsreisenden mit einem Gegenkontrahenten abgeschlos= senes Geschäft gelten solle, kann naturgemäß diesen Gegen= kontrahenten gar nicht berühren,[1]) muß daher notwendig zwischen Principal und Reisenden zum Austrag kommen.

Jene kurz vorher erwähnte, gesetzliche Fiktion, welche auf Wunsch des Handelsherrn eintreten soll, hat nun nach allgemeinen Rechtsgrundsätzen, je nachdem die Erfüllung des

---

[1]) v. Hahn Komm. 2. Aufl. S. 202 ff.

Geschäftes ihren Anfang bereits genommen hat oder noch nicht oder aber zu völligem Abschluß gelangt ist, folgende Wirkungen:

1. Festzuhalten ist an der Regel, daß dem Principal aus dem abgeschlossenen Handelsgeschäfte niemals direkte Ansprüche gegen den Drittkontrahenten zustehen, ebensowenig wie er ihm direkt verpflichtet worden ist. Soweit eine Erfüllung seitens des Gegenkontrahenten noch nicht erfolgt ist, steht ihm nur gegen seinen Reisenden ein Recht auf Abtretung der Klage gegen seinen Vertragsgegner zu. Die also cedierte Klage kann ihm hinwiederum nur Erfolg sichern, wenn er nach dem bei Kontraktserfüllungen üblichen Grundsatz, wonach von beiden Kontrahenten nur Zug um Zug geleistet zu werden braucht,[1] entweder selbst oder durch seinen Reisenden die bedungene Gegenleistung in gehöriger Weise angeboten hat.

2. Für die cedierte Klage hat der Principal seinen Handlungsreisenden gegen die Ansprüche des Drittkontrahenten aus dem Handelsgeschäft schadlos zu halten.

3. Ist das Handelsgeschäft bereits erfüllt, so kann der Principal verlangen, daß der Reisende ihm dasjenige, was er daraus erworben, gegen Gewährung dessen, was dieser selbst auf das Geschäft aufgewandt hat, bezw. den gemachten Gewinn herausgebe.

Nun harrt noch eine letzte Frage der Entscheidung. Hat der Principal, soweit ihm außer dem bis jetzt besprochenen Eintrittsrecht dem Reisenden gegenüber auch ein Recht auf Schadensersatz zusteht, jene Berechtigung mit der

---

[1] Windscheids Pand. a. a. O.

letzteren kumulativ oder nur alternativ, mit anderen Worten, darf er beide Befugnisse neben einander oder nur wahlweise die eine oder die andere ausüben?

Der Wortlaut der mehrgedachten Gesetzesbestimmung könnte Zweifel hierüber entstehen lassen. Der Handlungs= reisende soll seine ganze Arbeitskraft für das von ihm ver= tretene Handlungshaus einsetzen, also jeden möglichen, durch Handelsgeschäfte erzielbaren Gewinn für seinen Principal erzielen. Geht er aber nun anstatt dessen Handelsgeschäfte auf eigene Rechnung ein und bietet hiedurch möglicherweise seinem Chef auch noch Concurrenz, so soll dieser — dies ist doch wohl die Intention des Gesetzgebers — hiefür schadlos gehalten werden. Ist dieser Zweck durch Eintritt des Handels= herrn in das vollendete Geschäft nicht vollständig erreicht, so darf sich nun der Principal zur Erfüllung jenes Zweckes auch noch an den Reisenden halten. Allerdings wird meistens die Geltendmachung des einen Rechtes die des anderen aus= schließen,[1]) aber das Gegenteil wäre doch auch denkbar.

Die Haftpflicht des Reisenden, welche das Gesetz an eine Zuwiderhandlung gegen das Verbot des Selbsthandels= betriebes geknüpft hat, greift selbst dann Platz, wenn er mit dem für eigene Rechnung oder diejenige eines Fremden ab= geschlossenen Rechtsgeschäfte, dadurch, daß er es für Rechnung des Principals abgeschlossen hätte, seinen Vollmachtsbereich überschritten haben würde.[2])

II. Haftung des Reisenden gegenüber Drittkontrahenten.

Die Eingangs dieses Kapitels gepflogenen Erwägungen

---

[1]) Busch im Archiv I. 77.
[2]) v. Hahn Comm. 2. Aufl. S. 205.

haben uns darüber aufgeklärt, daß wir es hier eigentlich mit der Haftung eines angeblichen Handlungsreisenden zu thun haben, mit einer Person, die entweder ohne jegliche oder doch zu dem speciellen Geschäftsabschluß nicht ausreichende Vollmacht trotzdem wie ein Handlungsreisender sich geriert.

Derjenige, welcher ein Handelsgeschäft als Reisender eines Principals eingeht, ohne Vollmacht erhalten zu haben, oder bei Abschluß eines Geschäftes die ihm erteilte Vollmacht überschreitet, ist dem Gegenkontrahenten persönlich nach Handelsrecht verhaftet, der Dritte kann ihn nach seiner Wahl auf Schadensersatz oder auf Erfüllung belangen.[1]

Obwohl hier das Geschäft nach dem übereinstimmenden Willen beider Teile für den angeblichen Principal abgeschlossen wurde, so können diesen doch unmöglich Rechte und Pflichten daraus treffen; denn es fehlt an der notwendigsten Voraus=setzung für jene Folgen, an der Vollmacht. Solcher Mangel kann aber selbstredend noch nachträglich geheilt, also eine eigene Haftung des Handlungsreisenden noch abgewendet werden, indem der Principal das Handelsgeschäft noch hinten=drein genehmigt. Deshalb trifft bei derartigen Geschäfts=abschlüssen vorerst ein Schwebezustand ein, bis der Principal durch Erteilung der Genehmigung alle Rechte und Pflichten daraus für seine eigene Person übernimmt oder durch eine Versagung derselben bei dem angeblich Bevollmächtigten nun=mehr definitiv jene gesetzliche Haftungspflicht eintreten läßt. Bisweilen ist es nurmehr die Ratihabition des Principals, welche allein noch das abgeschlossene Rechtsgeschäft aufrecht zu erhalten vermag; denn falls der Drittkontrahent von dem

---

[1] H. G. B. Art. 55 Abs. 1.

Mangel jeglicher Vollmacht oder der Ueberschreitung der vor=
handenen wußte, kommt auch noch die selbstschuldnerische
Haftung des Pseudovertreters in Wegfall.[1])

Das Handelsrecht bestimmt also genau die Voraus=
setzungen für die Fälle, in denen eine Eigenhaftung des an=
geblichen Handlungsreisenden Platz greifen soll: „Wer ein
Handelsgeschäft als Handlungsreisender schließt,
ohne Vollmacht erhalten zu haben, ist dem
Dritten persönlich nach Handelsrecht verhaftet.“
Diese Bestimmung ist der unmittelbaren Anwendung auf
andere als Handelsgeschäfte nicht fähig. Ob das allgemeine
bürgerliche Recht einen ähnlichen Grundsatz enthält, ist eine
Frage, welche für sich zu erörtern bleibt. Die Wechselordnung
erweitert diese Grenzen durch eine ausdrückliche Ergänzung,
indem sie ohne Einschränkung jeden, der eine Wechselerklärung
als Bevollmächtigter eines anderen unterzeichnet, ohne dazu
Vollmacht erhalten zu haben, persönlich in gleicher Weise
haften läßt, wie der angebliche Machtgeber gehaftet haben
würde, wenn die Vollmacht erteilt gewesen wäre.[2])

Abschluß in fremdem Namen bei fehlender
Vollmacht bilden die Voraussetzungen, welche allein im
stande sind, eine Klage des Drittkontrahenten gegen den
Pseudobevollmächtigten zu begründen. Diese beiden Punkte
bilden das Klagfundament und auf sie richtet sich daher auch
die Beweislast des Klägers.[3])

Nun hat man hierin ein der Eviktionshaftung des

---

[1]) H. G. B. Art. 55 Abs. 2.
[2]) W. O. Art. 95.
[3]) vergl. Wendt b. Endem. S. 305 ff.

Verkäufers ähnliches Verhältnis erblickt und deshalb in analoger Weise eine Klage des Drittkontrahenten von der erfolglos gebliebenen Proceßführung gegen den angeblichen Principal abhängig machen wollen.

Bei der sich nicht selten einstellenden Schwierigkeit, den Beweis des Vollmachtsmangels zu erbringen, mag allerdings die Einschlagung dieses Weges für den Kläger die größere Sicherheit bieten, weil dann der Principal leisten oder aber es sich klar herausstellen wird, daß er keine Vollmacht erteilt hat.

Aber es ist durchaus nicht ersichtlich, weshalb der Kläger, der vielleicht bereits die besten Beweismittel in Händen hat, erst noch genötigt werden soll, jenen Umweg einzuschlagen.[1] Dies hieße, in den klaren Wortlaut der erwähnten Gesetzesstelle einen beschränkenden Zusatz einfügen.

Nach der processualen Beweistheorie hat jede der streitenden Parteien diejenigen Thatsachen zu beweisen, welche sie für die Begründung ihres Antrages behaupten muß, soweit sie von dem Gegner bestritten sind, also der Kläger die Klagthatsachen, der Beklagte aber die Einredethatsachen. Der Einwand, daß seitens des angeblichen Principals Genehmigung erfolgt sei oder doch bevorstehe, erweist sich ebenso wie der andere Einwand, der Kläger habe den Mangel der Vollmacht seinerseits ebenfalls gekannt, als eigentliche, der Behauptung des Klägers selbständig gegenüberstehende Einrede und trifft daher die Beweispflicht für dieselben den Handlungsreisenden.

Da wir bei der Frage nach dem Grunde dieser Haf-

---

[1] vergl. Anschütz-Völderndorff, Comm. Bd. I. S. 404.

tungspflicht auf die positive Bestimmung des Handelsgesetz=
buches mit seinen Vorbedingungen zurückgreifen müssen, so
können andere, als die bis jetzt behandelten Voraussetzungen
für den Eintritt der Eigenhaftung des Reisenden nicht auf=
gestellt werden. So ist es insbesondere hiefür vollständig
gleichgültig, ob der Reisende sich beim Geschäftsabschluß in
gutem oder bösem Glauben befand, ob etwa sein Irrtum
über Bestehen oder Umfang seiner Vollmacht entschuldbar
war oder nicht.

Nach seiner freien Wahl darf nun der Drittkontrahent
Erfüllung des Geschäftes oder Schadensersatz fordern. Letztere
Berechtigung ist insofern eine bedingte als ihm der Nachweis
eines erlittenen Schadens gelingt; es bringt ja nicht jedes
Geschäft, das nicht zu seiner Erfüllung gelangt, Schaden,
selbst wenn man hierunter auch schon das lucrum cessans,
den entgangenen Gewinn verstanden wissen will. Deswegen
verdient die erste Berechtigung den Vorzug vor der letzteren,
weil ihre Ausübung keinen neuen Beweis erfordert.

Ebenso, wie bei der sub I angeführten Wahlbefugnis
ist auch hier kumulative Ausübung beider Berechtigungen
denkbar. So könnte z. B. trotz Erfüllung des Geschäftes
dem Drittkontrahenten immer noch ein erweisbarer Schaden
zu decken übrig bleiben, weil der Reisende mit der Leistung
im Verzug war oder nicht am ausbedungenen Orte erfüllt
hat ec. ec.

Nun erübrigt, in diesem Zusammenhang noch eine letzte
Frage einer kurzen Betrachtung zu unterziehen:

Ein Handlungsreisender überschreitet bei einem Ge=
schäftsabschluß seinen Vollmachtsumfang, so daß er noch
teilweise innerhalb der Grenzen seiner Befugnisse handelt.

Bestünde nun die rechtliche Möglichkeit, das Geschäft in einen gültigen und in einen mangelhaften Bestandteil aufzulösen und dann für jenen Erfüllung vom Principal, für letzteren eine solche vom Handlungsreisenden zu verlangen? Die Beantwortung dieser Frage erscheint identisch mit der Entscheidung der folgenden. Läßt sich nämlich der äußerlich einheitliche Vertrag seinem Objecte nach in verschiedene selbständige Verträge auflösen, so erweist sich auch eine solche Teilung der Haftung, wie eben angedeutet, nicht nur als denkbar, sondern auch als selbstverständlich.[1]) Im entgegengesetzten Falle steht keiner der drei beteiligten Personen die Berechtigung zu, eine solche Trennung zu verlangen.[2])

III. Haftung des Principals für den Handlungs= reisenden.

Eine billige Forderung der Verkehrssicherheit verlangt, daß der Principal, dem ja auch aller Vorteil aus der Be= rufsthätigkeit seines Reisenden zu gute kommt, auch seiner= seits seinen Kunden gegenüber eine gewisse Verantwortlichkeit für seinen Vertreter übernehme. Mag er daher nur tüchtige, zuverlässige Personen auf diesen Vertrauensposten berufen oder hiebei weniger vorsichtig verfahren, so viel steht fest, daß das Rechtsgeschäft, welches der Handlungsreisende inner= halb der Grenzen seiner Ermächtigung im Namen seines Principals abschließt, letzteren dem Gegenkontrahenten gegen= über unmittelbar berechtigt und verpflichtet, ohne zwischen dem Reisenden und dem Drittkontrahenten irgend welche Rechte

---

[1]) R. O. H. IV. Nr. 45 S. 219.
[2]) v. Hahn, Comm. 3. Aufl. 217.

ober Verbindlichkeiten zu erzeugen.¹) Treffen aber die Ver=
pflichtungen allein die Person des Principals, so haftet
dieser auch für die Beschädigungen, welche sein Reisender
dem Dritten bei der Eingehung oder Erfüllung des Ver=
trages — jedoch nicht schon bei Gelegenheit der Aus=
führung eines aufgetragenen Geschäftes — zufügt.²) Be=
sonders muß der Principal für Betrug und Versehen ein=
stehen, welche sich der Handlungsreisende bei Eingehung von
Rechtsgeschäften gegenüber dem Mitkontrahenten zu schulden
kommen ließ; er kann hierbei ebenso direkt mit der aus dem
abgeschlossenen Kontrakte resultierenden Klage, etwa der Kaufs=
klage, erfolgreich belangt werden, wie er auch umgekehrt
unter Berufung auf einen von seinem Reisenden begangenen
Irrtum, auf einen gegen letztern verübten Zwang oder Be=
trug das Geschäft als Vertretener anfechten kann.³) Die
Wirkungen des Repräsentationsprincipes schließen aber selbst=
verständlich nicht die Möglichkeit aus, daß der Reisende
hinwiderum aus seinen Betrugshandlungen seinem Prin=
cipal haftet.⁴)

Die Frage, inwieweit der Principal durch nützliche
Verwendungen seines Reisenden aus dem Vermögen dritter
verpflichtet wird, hat das Handelsgesetzbuch unberührt ge=
lassen; wir müssen daher zu ihrer Beantwortung das allge=
meine bürgerliche Recht, Stadt=, Provincial=, Landrecht und
außerhalb der Territorien der exklusiven Gesetzbücher subsidiär
auch das römische Recht heranziehen. Dieses läßt schon den

¹) H. G. B. Art. 52 Abs. 1 u. 3.
²) Motive 29; Prot. 84. 85.
³) R. O. H. VI. 403; XV. 26.
⁴) R. O. H. XVIII. 295.

bloßen Gewinn aus einem Rechtsgeschäft, soweit er reicht, für den Gewinnenden der actio de inremverso zufolge eine Verpflichtung begründen, nicht nur, wenn ein bevollmächtigter Stellvertreter wider seine Befugnis gehandelt oder deren Grenzen überschritten hat, sondern auch, wenn ein Nicht= bevollmächtigter für jenen zum Vorteil desselben das Rechts= geschäft eingegangen ist.[1])

Wenn wegen Zollvergehen in Handelssachen gegen den Gehilfen eines Principals Geldstrafen oder Konfiskationen erkannt werden, so bestimmen die Zollgesetze, wieweit hievon der Principal betroffen wird.[2]) Diese Frage wird heutzu= tage meist nurmehr bei dem Seehandlungsreisenden, dem wir oben auch die Bezeichnung Kargadör beigelegt haben, Wichtigkeit erlangen können, da sein Berufsgenosse zu Land mit dem Warentransport selbst selten oder gar nichts zu thun hat und daher auch keine Gefahr läuft, mit den Zoll= gesetzen in Konflikt zu geraten.

Nun kann auch noch der Fall eintreten, daß der Handlungsreisende zwar gemäß seiner Vollmacht und auch der Absicht nach für Rechnung seines Principals, äußerlich jedoch nicht im Namen desselben kontrahiert hat.

Können hier nach den gemeinrechtlichen Regeln über indirekte Stellvertretung die Rechtsfolgen des Geschäftes nicht dennoch in Beziehung zum Principal gebracht werden, so daß wir dann auch in diesem Falle von einer Haftung des= selben zu reden imstande wären? Die Meinungen über die heutige Anwendbarkeit der gemeinrechtlichen Grundsätze von

---

[1]) Arndts, Pand. 2. Aufl. S. 363.
[2]) R. O. H. XVI. 31.

der indirekten Stellvertretung sowie der daraus entspringen=
den Klage aus dem Kontrakte des Stellvertreters gegen den
Vertretenen selbst, der sog. actio institoria, sind geteilt.
Doch mag man sich nun der Ansicht derer anschließen,
welche die eben angeführte Klage heutzutage für antiquiert
halten oder mag man der entgegengesetzten Meinung hul=
digen, welche sie auch heute noch als praktisch verwendbar
betrachtet, jedenfalls ist dieser Streit für das Handelsrecht
durch das Handelsgesetzbuch selbst entschieden. Unser all=
gemeines deutsches Handelsgesetzbuch kennt nur ein Kon=
trahieren im eigenen Namen schlechthin, oder Kontrahieren
im fremden Namen,[1]) ein Mittelding gibt es nicht.[2])

3. Kapitel.
Gegenleistungen des Principals an den
Handlungsreisenden.

Nicht schon die Erteilung einer Handlungsbevoll=
mächtigung an sich ist es, welche zu einem Honorar berech=
tigt resp. verpflichtet. Indes steht die Besoldungsfrage
außer allem Zweifel für unseren Handlungsreisenden, für
dessen Dienstverhältnis ohnehin in den weitaus die Mehrzahl
repräsentierenden Fällen ein besonderer Vertrag in schrift=
licher Form vorliegt. Gerade der Eintritt in ein Dienst=
verhältnis zum Handelsherrn setzt eine genauere Regelung
auch in pekuniärer Beziehung voraus. Thatsächlich ist für
die finanzielle Basis unseres Handlungsreisenden vielfach in
überraschend ausgiebigem Maße gesorgt, so daß man nicht

---

[1]) H. G. B. Art. 52.
[2]) so auch Windscheid, Pand. 5. Aufl. § 482 Anm. 14.

mit Unrecht diesen Stand eine respektable gesellschaftliche und finanzielle Menschen= und Kapitalsmacht genannt hat.

Ziehen wir zunächst nur dasjenige in Betracht, was der Stand der Reisenden täglich an Spesen zu verausgaben hat, seinen Aufwand für das Reisen im weitesten Sinne des Wortes — wovon gleich nachher bei den Ersatzleistungen des Principals näher gehandelt werden soll — so finden wir, daß derselbe ein beträchtliches Kapital repräsentiert, welches täglich den weitesten volkswirtschaftlichen Kreisen in immer neu befruchtender Weise zugeführt wird. Reisende, welche täglich einen Reiseaufwand von über vierzig Mark zu machen haben, gehören keineswegs zu den Seltenheiten, wenn sie auch unter dem nach einer statistischen Mitteilung in Deutschland in einer Zahl von circa 50 000 ständig in Aktion stehenden Heere von Handlungsreisenden nur einen verhältnismäßig geringen Bruchteil bilden.[1])

Doch diese kurze Abschweifung, eigentlich außerhalb des Rahmens der hier gestellten Aufgabe fallend, mag hier nur gewissermaßen als Beleg für unsere oben aufgestellte Behauptung von der hervorragenden Bedeutung dieses Standes gestattet sein.

Unter den Gegenleistungen des Principals ist in erster Linie der Ersatz des Reiseaufwandes für seinen Reisenden anzuführen.

In der Regel trifft eine Verabredung mit dem letzteren die genaue Höhe der täglich von diesem in Diensten seines Principals für Reisekosten, Lebensbedürfnisse und Repräsen= tation des Handlungshauses zu verausgabenden Summe.

---

[1]) vergl. International. Hdbch. f. d. reis. Kfm.

Sind dem Reisenden nur vorläufig oder versuchsweise die Spesen mit einer gewissen Summe bewilligt, so ist zu deren Erhöhung ein beiderseitiges Uebereinkommen erforderlich. Für die in einem solchen Falle vom Reisenden eigenmächtig höher berechneten Auslagen bleibt ein seinerseits erhobener Ersatz= anspruch erfolglos.[1]) In Ermanglung jeglicher Verabredung über die Höhe der Reisespesen hat der Reisende nur einen Anspruch auf Ersatz seiner Auslagen, darf jedoch unter Um= ständen einen billigen Durchschnittssatz fordern.[2])

Als Belohnung für seine Dienste erhält der Hand= lungsreisende ein festes Gehalt, bestehend in Barbezügen, auch Salair oder Dienstlöhnnng genannt. Seines Anspruches auf das Gehalt geht er selbst dann nicht verlustig, wenn er durch unverschuldetes Unglück an der Leistung seines Dienstes zeitweise verhindert wird; es müßte denn sein, daß die Ver= hinderung die Zeitdauer von sechs natürlich berechenbaren Wochen vom Tage der gänzlichen Dienstaussetzung an über= schreiten würde.[3]) Daran vermag auch der Umstand nichts zu ändern, daß der Reisende sich während seiner Krankheit durch Arbeit irgend einen Gelderwerb zu verschaffen weiß.

Nach allgemein rechtlichen Erwägungen trifft den Ge= schäftsherrn, dem die Schuld an der Einstellung der Thätig= keit seines Reisenden allein zuzusprechen ist, die Verpflichtung, letzteren bis zum Ablauf des nächstfolgenden Dienstquartals schadlos zu halten, d. h. sein Salair bis zum Ablauf dieses Termins fortzuentrichten. Diese Verpflichtung fällt zwar

---

[1]) R. O. H. IV. 398.
[2]) R. O. H. XIX. Nr. 3. S. 9.
[3]) H. G. B. Art. 60.

hinweg von dem Augenblicke an, wo der Handlungsreisende eine vollkommen deckende Erſatzſtelle angenommen, läßt ſich jedoch nicht ſchon abwälzen durch den bloßen Hinweis auf die für den Reiſenden ſich bietende Möglichkeit, eine ſolche Er= ſatzſtelle zu finden.

Eine handelsrechtliche Beſtimmung[1] ſpricht dem Kauf= mann wegen der fälligen Forderungen, welche ihm gegen einen anderen Kaufmann aus den zwiſchen ihnen abge= ſchloſſenen, beiderſeitigen Handelsgeſchäften zuſtehen, ein Zu= rückbehaltungsrecht an allen beweglichen Sachen und Wert= papieren des Schuldners zu, welche mit deſſen Willen auf Grund von Handelsgeſchäften in ſeinen Beſitz gekommen ſind, ſofern er dieſelben noch in ſeinem Gewahrſam hat oder ſonſt insbeſondere vermittelſt Konoſſemente, Ladeſcheine oder Lager= ſcheine noch in der Lage iſt, darüber zu verfügen.

Auch dem Seehandlungsreiſenden könnte ſich Gelegen= heit bieten, für ſeine Forderungen aus dem Dienſtverhältnis Waren ſeines Principals zurückzubehalten, um ſich auf dieſe Weiſe bezahlt zu machen.

Obwohl nun das Verhältnis des Handlungsreiſenden zu ſeinem Principal für jenen als Handelsgeſchäft zu beur= teilen iſt,[2] beſitzt doch der Handelsreiſende als ſolcher nicht Kaufmannsqualität[3] und kann daher ein Retentionsrecht desſelben für ſeine Forderungen aus dem Dienſtverhältnis nach dem Handelsgeſetzbuch nicht anerkannt werden.

Das Entgelt für die vom Reiſenden geleiſteten Dienſte

---

[1] H. G. B. Art. 313.
[2] H. G. B. Art. 273 und Puchelt Anm. 9. zu Art. 57.
[3] Ausgabe des H. G. B. v. Gareis Note 6 zu Art. 4.

kann auch in einem Tantiemenbezug, einem zugesicherten An-
teil am erzielten Reingewinn — in der Regel neben einem
geringeren Salair — bestehen.[1]) In solchen Fällen wird
der Reisende zum Commis interessé.

Die Zusicherung einer Quote des Reingewinns ändert
jedoch nichts an dem bestehenden Dienstverhältnis. Der
Principal bleibt der Geschäftsherr, der andere der ihm unter-
worfene Kommis, welchem ein Einfluß oder eine Stimme
bei Leitung der Geschäfte oder auch nur ein Widerspruch
gegen die Unternehmungen des Herrn nicht zusteht. Er hat
vielmehr den Anordnungen seines Principals unbedingt Folge
zu leisten.[2])

Das Verhältnis zwischen Commis interessé und Principal ist, soweit es die Beteiligung des ersteren am Gewinn des letzteren betrifft, nach den Grundsätzen des allgemeinen bürgerlichen Rechtes über die Gesellschaft zu beurteilen.[3]) Der am Gewinn beteiligte Reisende hat ein Recht
auf Vorlegung der Bilanz, um seinen Gewinnanteil berechnen
zu können und darf zur Prüfung der Richtigkeit der Bilanz
die Handelsbücher einsehen, eine Befugnis, die ihm auch nicht
durch Untreue verloren geht.[4]) Der einmal bezogene Gewinn ist auch dann nicht herauszuzahlen, wenn sich in einem
späteren Jahre Verlust herausstellen sollte.[5])

Dem reisenden Agenten wird die Vergütung für seine

---

[1]) Mot. 33.
[2]) R. O. H. I. Nr. 58, S. 195.
[3]) R. O. H. XVII. Nr. 59, S. 276.
[4]) R. O. H. I. Nr. 58, S. 195; XIV. Nr. 71 S. 215; XVII.
Nr. 59 S. 276.
[5]) R. O. H. VI. Nr. 8, S. 25.

1) daß er den übernommenen Auftrag genau und sorg=
fältig erfülle mit Rücksicht auf die ihm gegebenen Weisungen
und außerdem so, wie es der Natur des aufgetragenen
Geschäftes und dem Vorteil oder mutmaßlichen Willen des
Geschäftsherrn am besten entspricht[1]); ferner

2) daß er ihm alles dasjenige, was ihm durch das
aufgetragene Geschäft zugekommen und worüber von ihm
Rechnung zu legen ist, erstatte, deshalb auch die aus diesem
Anlaß gegen dritte erworbenen Klagen abtrete für den Fall,
wo er nicht im Namen des Principals kontrahierte,[2]) und

3) daß er für den durch seine Schuld böswilliger=
oder fahrlässigerweise verursachten Schaden Ersatz leiste.[3])
Hat sich der Reisende für einzelne Geschäfte fremde Personen
substituiert, so haftet er für deren Verschulden nur, sofern
ihm selbst bei ihrer Anstellung ein Versehen zur Last fällt.
In Schuld befindet sich aber der Reisende und haftet daher
für jeden daraus entstehenden Nachteil, wenn er gegen aus=
drückliches Verbot oder der Natur des Auftrags zuwider
eine Substitution vorgenommen.

Umgekehrt kann der Principal durch die actio man-
dati contraria des Reisenden angehalten werden:

1) diesem den zur Erfüllung seines Auftrags ange=
messenerweise gemachten Aufwand, also insbesondere, was er
an Reisespesen zu fordern berechtigt ist, zu erstatten,[4])

2) für den Fall, wo er sich die gegen dritte ent=

---

1) l. 5. 46 Dig. h. t.
2) l. 8 § 9. 10; l. 10 § 2. 3. 8; l. 20 pr. eod; l. 46 § 4,
Dig. de procurat. 3. 3.
3) l. 11. 13. 21 Cod. h. t; cf. l. 8 § 8; l. 10, l. 29 Dig. h. t.
4) l. 10 § 9, cf. l 27 § 4, l. 56 § 4 Dig. h. t; l. 4 Cod. h. t.

ftanbenen Klagen befonders cebieren laffen muß, auch die
vom Reifenben aus Anlaß des Auftrags eingegangenen Ver=
binblichkeiten zu übernehmen,¹)

3) für jeden durch fein Verfchulben dem Reifenben
verurfachten Schaden Erfatz zu leiften. Hat der Reifenbe
die Grenzen feines Auftrags überfchritten, fo kann er Aner=
kennung des Gefchäftes von feiten feines Gefchäftsherrn nur
infoferne verlangen, als er den Nachteil der Überfchreitung
für biefen befeitigt.²)

II. Da, wo die Mandatsklage ihre Wirkung verfagt
— dies ift insbefondere bei Lohnforberungen des Reifenben
gegen feinen Principal der Fall — bietet hinlänglichen
Erfatz die dem Dienftmietverhältnis entfpringenbe Klage.

Die Zahlung des Salairs fowie Erfüllung aller ver=
tragsmäßig ausbebungenen Nebenleiftungen verlangt der
Hanblungsreifenbe mit der actio locati. Diefe Klage ver=
hilft ihm zu allen Forderungen, welche er auf Grund feines
Dienftverhältniffes, in dem er zum Hanblungshaufe fteht,
zu machen berechtigt ift.

Hierher gehört vor allen Dingen fein Anfpruch auf
fechswöchentlichen Fortbezug feines Dienftlohnes für den
Fall unverfchulbeter Dienftunfähigkeit,³) der Anfpruch auf
Fortentrichtung des Salairs unter Umftänden bis zum Ab=
lauf des nächftfolgenden Dienftquartals für den Fall, daß
den Principal allein die Schulb an der Einftellung feiner
Thätigkeit trifft ebenfo, wie der Schabenserfatzanfpruch,

¹) l. 45 Dig. h. t.
²) l. 3 § 2, l. 4, 41 Dig. h. t.
³) H. G. B. Art. 60.
Franz, bie rechtliche Stellung bes Hanblungsreifenben.   5

welchen eine ungerechtfertigte Aufhebung des Dienstkontraktes durch seinen Principal unter Umständen zu begründen im stande ist.

Der Principal andererseits hat die actio conducti auf wirkliche Leistung der versprochenen Dienste, auf Schadens= ersatz, soweit sie durch die Schuld des Reisenden überhaupt nicht oder nur unvollständig geleistet werden oder letzterer sonst durch Nachlässigkeit oder bösen Willen einen Schaden verursacht hat.[1])

Hat der Handlungsreisende seine Dienste mehreren Handelshäusern zugleich vermietet, so geht der frühere Mieter vor.

III. Der Handlungsreisende, welcher, sei es auch nur in irrtümlicher Ueberschreitung seiner Vollmacht, für seinen Prin= cipal Handlungen vornimmt, wird dadurch als negotiorum gestor[2]) dem dominus negotiorum d. i. seinem Principal wie aus einem Contrakte analog dem Mandatar verpflichtet, und findet deshalb gegen ihn die actio negotiorum gestorum directa statt. Der Reisende haftet für jede Fahrlässigkeit auch wegen verschuldeter Nichtvollendung der einmal über= nommenen Handlung und Versäumung dessen, was damit im wesentlichen Zusammenhang steht, selbst für zufälligen Nachteil, sofern er etwas neues gegen die Weise des Ge= schäftsherrn begonnen hat, dagegen nur für grobes Verschul= den, wenn er sich der Güter seines Principals unter solchen Umständen angenommen hat, daß sie ohne seine Dazwischen= kunft für diesen verloren gewesen wären. War der Reisende

---

[1]) vergl. Arndts, Pand. Abhandlung über b. Mietverträge.
[2]) Dig. de negotiis gestis 3. 5; Cod. 2. 19.

aber nicht fähig, sich wirksam zu verpflichten, z. B. wegen Minderjährigkeit, so hat er nur die erhaltene Bereicherung herauszugeben.

Der Handlungsreisende hinwiderum kann ähnliche Ansprüche wie der Mandatar gegen den Principal erlangen und durch eine contraria negotiorum gestorum actio geltend machen insbesondere auf Erstattung des im Interesse des letzteren gemachten Aufwandes. Solche vom Handlungsreisenden erhobenen Ansprüche setzen aber voraus, daß er seinerseits:

1) mit Sorgfalt und verständiger Erwägung dem wirklichen Interesse des Geschäftsherrn gemäß, nicht dem ausdrücklich erklärten oder sonstwie erkennbaren Willen desselben zuwider gehandelt hat, sodaß allen Umständen gemäß anzunehmen ist, dieser würde, falls er seinen Willen kundzugeben Gelegenheit gehabt hätte, eine solche Art der Stellvertretung gebilligt haben; dann schadet es auch dem Handlungsreisenden nicht, wenn der Erfolg seiner Verwendungen ohne seine Schuld später wieder vereitelt worden ist.

2) für einen anderen zu handeln den Willen gehabt hat, nicht blos zur Erfüllung einer Verpflichtung oder aus Freigebigkeit oder seines eigenen Vorteils wegen. [1])

Der allgemeine Gerichtsstand des Handlungsreisenden d. h. seine Zugehörigkeit vor dasjenige Gericht, bei welchem gegen ihn alle Klagen erhoben werden können, für welche nach Reichsrecht ein ausschließlicher, besonderer Gerichtsstand nicht existiert, wird durch sein Domizil bestimmt. Besitzt er aber ein solches weder im In= noch im Auslande, so wirkt

---

[1]) vergl. Arndts, Pand. Abhandlung über d. negot. gestio.

bestimmend zunächst der Ort seines Aufenthaltes, [1]) gleich=
viel ob derselbe dauernd oder vorübergehend, wenn er uur
dauert, bis die Klage zugestellt ist, und ist selbst ein solcher
Aufenthaltsort nicht bekannt, der letzte Wohnsitz.

Wo aber das Domizil eines Menschen zu suchen sei,
das spricht mit einer alle Lebensverhältnisse und Zeiten be=
herrschenden Klarheit die lex 7 Codicis de incolis (10. 40)
aus. Darnach besitzt eine Person ihren Wohnsitz da, wo sie
derart zu Hause zu sein scheint, daß ein Entfernen als eine
Reise, ein Kommen als eine Rückkehr angesehen werden muß.
Zur Begründung eines Wohnsitzes ist ein immerwährender
Aufenthalt an dem betreffenden Orte nicht erforderlich. Der
Umstand, daß sich der Handlungsreisende den größten Teil
des Jahres über auf Reisen befindet, steht der Annahme sei=
nes Domizils an dem Orte, wo er in Engagement steht,
nicht im Wege.

Ist also dem Gesagten zufolge sein Domizil daselbst
als begründet zu betrachten, so bringen die Geschäftsreisen
immer nur eine mit dem animus revertendi (Rückkehrwil=
len) verbundene, vorübergehende Entfernung mit sich, durch
welche das Domizil nicht aufgehoben zu werden vermag.
Dieses Domizil begründet demnach auch den Gerichtsstand
des Handlungsreisenden.

.

---

[1]) C. P. O. § 18.

IV. Abſchnitt.

Aufhebung des Rechtsverhältniſſes.

Entſprechend der Doppelnatur des vom Handlungsrei=
ſenden eingegangenen Rechtsverhältniſſes, welches ſich uns
einmal, was die Stellvertretung des Prinzipals durch den
Reiſenden gegenüber dem Publikum anlangt, als Vollmachts=
vertrag, dann in Hinſicht auf das innere Verhältnis als
Dienſtvertrag präſentiert, können wir auch zweierlei verſchie=
bene Arten von Gründen wahrnehmen, welche eine Beendi=
gung des Rechtsverhältniſſes herbeizuführen im ſtande ſind,
je nachdem ſie auf den Beſtand des Vertrages in jener erſten
oder zweiten Eigenſchaft einwirken.

I. Die Stellvertretungsbefugnis hängt in ihrem Be=
ſtande ſo ſehr·von dem Willen des Prinzipals ab, daß ſie
von ihm, allerdings unbeſchadet der Rechte aus dem beſtehen=
den Dienſtverhältniſſe, zu jeder Zeit widerrufen werden kann[1]).
Dieſe Eigenſchaft der Widerruflichkeit iſt mit der Handlungs=
vollmacht aufs engſte verwachſen, ſo daß ein Verzicht hier=
auf im Voraus ohne alle rechtlichen Folgen bleibt.[2])

Wenn die Firma, für welche der Reiſende bisher thä=
tig war, aus irgend einem Grunde erliſcht, ſo endet natür=
lich auch die nunmehr gegenſtandslos gewordene Vollmacht.

---

[1]) H. G. B. Art. 54 Abſ. 1.
[2]) R. O. H. XXIII. 324.

Dieſelbe Wirkung äußert die über die Firma verhängte Kon=
kurseröffnung,[1]) da dieſelbe ebenfalls den Beſtand des Geſchäf=
tes in ſeiner bisherigen Geſtaltung zu beeinflußen vermag.
Das civilrechtliche Vollmachtsverhältnis erliſcht bereits
durch den Tod des Auftraggebers, ſoferne nicht der Auf=
trag auf etwas erſt nach dem Tode des Manbanten zu voll=
ziehendes gerichtet. Anders verhält ſich dies mit der Hand=
lungsvollmacht. So wenig mit dem Tode des Principals
deshalb auch die Firma erlöſchen muß, ebenſowenig hat ſein
Tod ein Erlöſchen der Handlungsvollmacht zur Folge.[2])

Sollte ſich bei dem Handlungsreiſenden aus irgend
einem Grunde Unfähigkeit einſtellen, die einmal überkommene
Stellvertretungsbefugnis weiter auszuüben, ſo müßte ein ſol=
cher thatſächlicher Verhinderungsgrund naturgemäß zur Zu=
rückziehung der erteilten Vollmacht führen.

Wenn die Vollmachtsdauer gleich von vorneherein auf
eine gewiſſe Zeit beſchränkt wurde, ſo endigt der Ablauf der
feſtgeſetzten Periode auch das Vollmachtsverhältnis.

In keinem Falle werden jedoch durch die Auflöſung
des Mandatsverhältniſſes die bisher aus demſelben entſtan=
denen Rechtsanſprüche aufgehoben.

II. Inſoweit das Dienſtverhältnis ins Auge gefaßt
werden ſoll, beſtimmt unſer Handelsgeſetzbuch ſelbſt in ziem=
lich erſchöpfender Weiſe die Auflöſungsgründe.

Das Dienſtverhältnis kann von jedem der beiden Ver=
tragsteile mit Ablauf eines jeden Kalendervierteljahres nach
vorhergängiger ſechswöchentlicher Kündigung, welche alſo ſpä=

---

[1]) R. O. H. XXIV. 193.
[2]) H. G. B. Art. 54 Abſ. 2.

teftens am breiunbvierzigsten Tage vor dem Ende des Ka=
lenbervierteljahres zu erfolgen hat, aufgehoben werden. Ift
aber durch Vertrag eine kürzere oder längere Zeitbauer oder
eine kürzere oder längere Kündigungsfrift bedungen, fo foll es
hiebei fein Bewenden haben.¹) Ganz gleichgültig bleibt hie=
bei der Umftand, ob folche Beftimmungen bereits bei Ab=
fchluß des Dienftvertrages oder erft nachträglich durch wech=
felseitige Einwilligung getroffen wurden.

Abgefehen von der alfo ftatuierten, gefeßlichen oder ver=
tragsmäßigen Kündigungsfrift kann von jedem Vertragsteile
aus wichtigen Gründen eine Aufhebung des Dienftverhältnif=
fes auch vor der beftimmten Zeit verlangt werden. Ueber
die Frage, ob und inwieweit der von dem Dienftvertrage
aus wichtigen Gründen zurücktretende Teil von der Gegen=
partei Schadenserfaß forbern kann, entfcheiden in Ermang=
lung handelsrechtlicher Beftimmungen²) die Principien des
allgemeinen bürgerlichen Rechtes.

Welche Gründe als wichtig genug erfcheinen, eine folche
vorzeitige Auflöfung des Dienftverhältnifses zu verlangen,
bleibt dem Ermeffen des Richters anheimgeftellt³), welchem
übrigens für einige Fälle gewiffe Anhaltspunkte vom Gefeß=
buch geboten find.

So kann insbesondere gegen den Principal die Auf=
hebung des Dienftverhältnifses ausgesprochen werden, wenn
derfelbe den Gehalt oder gebührenden Unterhalt nicht ge=
währt, wenn er fich thatfächlicher Mißhandlungen oder fchwerer

¹) H. G. B. Art. 61.
²) H. G. B. Art. 1.
³) l. c. Art. 62 Abf. 2.

Ehrverletzungen gegen seinen Handlungsreisenden schuldig macht.[1])

Ebenso kann andererseits der Reisende die Veranlassung zur Auflösung des Dienstverhältnisses bieten, wenn derselbe im Dienste untreu ist oder das Vertrauen seines Principals mißbraucht, wenn derselbe ohne Einwilligung des Handelsherrn für eigene Rechnung oder Rechnung eines dritten Handelsgeschäfte betreibt, wenn er seine Dienste zu leisten verweigert oder ohne einen rechtmäßigen Hinderungsgrund während einer den Umständen nach erheblichen Zeit unterläßt, wenn derselbe durch eine anhaltende Krankheit oder Kränklichkeit oder durch eine längere Freiheitsstrafe oder Abwesenheit an der Verrichtung seiner Dienste verhindert wird, wenn derselbe sich thätlicher Mißhandlungen oder erheblicher Ehrverletzungen gegen den Principal schuldig macht, und endlich, wenn er sich einem unsittlichen Lebenswandel hingibt.

Zweifelhaft erscheint, ob mit der gesetzlichen Bestimmung, daß jeder Vertragsteil aus wichtigen Gründen die Aufhebung des Dienstverhältnisses verlangen kann, soviel gesagt sein soll, daß wichtige Gründe zur sofortigen einseitigen Aufhebung des Dienstverhältnisses berechtigen und daß erst, wenn es sich um den Entschädigungsprozeß handelt, der Richter nachträglich zu befinden hat, ob wichtige Gründe vorlagen, oder ob die Auflösung nicht einseitig erfolgen, vielmehr nur bei dem Richter nachgesucht werden kann. Im ersteren Falle käme der eine Aufhebung verlangenden Partei ein materielles Recht zu, während der Ausspruch des

Richters nur Anspruch auf die deklaratorische Bedeutung machen dürfte; im letzteren Falle dagegen besäße die Partei nur formelle Berechtigung, der Ausspruch des Richters aber konstitutive Bedeutung.

Die letztere Ansicht verdient den Vorzug vor jener ersten deshalb, weil die Befolgung jener Maxime bei der unleugbaren Gefahr des Mißbrauches durch die Vertragsteile die Löslichkeit des Rechtsverhältnisses fördern würde und daher dem Institut des Handlungsreisenden schließlich doch nur schaden könnte.

Literatur-Verzeichnis.

Bei der Ausarbeitung des vorliegenden Themas wurde folgende hier einschlägige Literatur zu Grunde gelegt:

1. Das allgemeine deutsche Handelsgesetzbuch nebst den Entwürfen und Conferenzprotokollen hiezu.
2. Die Entscheidungen des obersten Handelsgerichtes und jetzigen obersten Reichsgerichtes. (Fuchsberger'sche Sammlung.)
3. Büsch, Darstellung des Handels. 3. Aufl. Bd. I.
4. Mittermaier, Grundsätze des deutschen Privatrechts. 6. Aufl. Bd. II.
5. Wendt in Endemanns großem Handbuche des Handels-, Wechsel- und Seerechtes. Bd. I.
6. Thöl, Handelsrecht. 4. Aufl. Bd. I.
7. Gareis, Handelsrecht. 2. Aufl.
8. Cosack, Lehrbuch des Handelsrechts.
9. Behrend, Lehrbuch des Handelsrechts.
10. Commentar zum H. G. B. von Hahn. 2. Aufl. Bd. I.
11. Commentar zum H. G. B. von Anschütz-Völderndorff. Bd. II.
12. Commentar zum H. G. B. von Makower. 10. Aufl.
13. Commentar zum H. G. B. von Puchelt. 3. Aufl.
14. Arndts, Pandekten. 2. Aufl.
15. Die Gewerbeordnung für das deutsche Reich; in der Redaktion vom 1. Juli 1883; Reichsgesetzblatt 1883 S. 177.
16. Vollzugsverordnung hiezu vom 27. Dezember 1883, Gesetz- und Verordnungsblatt S. 511.
17. Bekanntmachung des Reichskanzlers vom 31. Oktober 1883, Gesetz- und Verordnungsblatt S. 469.

www.ingramcontent.com/pod-product-compliance
Lightning Source LLC
Chambersburg PA
CBHW031453270326
41930CB00007B/987